Read and Think Russian

An Intermediate Reader

Book One: Politics and Governance

By: Basil Bessonoff

INTERNATIONAL, LLC

Alexandria, VA

2018

2018 First Edition
by Basil Bessonoff (Ph.D.)
Read and Think Russian: An Intermediate Reader, Book One: Politics and Governance
ISBN: 978-0-692-92932-2

Read and Think Russian is an intermediate level textbook primarily targeted at improving students' reading comprehension skills in the Russian language, however the course is intended for all students seeking to reach an advanced level of Russian in all modalities (speaking, reading, writing, and listening) according to the American Council on the Teaching of Foreign Languages (ACTFL) scale. This book is designed to bridge the gap between language teaching methodologies used in Russia and English-speaking countries, thus facilitating the preparation for study and work abroad. It is suited for use in higher-level undergraduate courses, graduate courses and continuing education for those professionally or academically involved in Eurasian studies.

Consisting of five chapters, Book I contains authentic, contemporary reading segments full of practical knowledge about Russia and its international relations, politics, economics, and military. Each chapter includes helpful graphics as well as concise vocabulary to assist the student in determining the main ideas, while also presenting grammatical reminders, translation exercises, and questions to facilitate topical discussions.

At the conclusion of Book I (Book II is forthcoming), students are expected to have progressed to the advanced-low level based on the ACTFL scale.

Publisher: *Culmen International, LLC*
Project Manager: *Culmen International, LLC*
Copy Editor: *Culmen International, LLC*
Contributing Editors:
Jerry Davidov, Independent Scholar
Christopher Golden, Independent Scholar
Eric Jacobson, Columbia University
Mary Kathryn Howerton, Independent Scholar
Kevin Lutes, University of Maryland
Clay Moore, Independent Scholar
Aaron Rose, American University
Jonathan Scolare, American University
Cover Design: *Sarah McPhee*
Layout Design: *Tatiana Ialovaia*
Audio Supplement: *Olga Berezhina, Basil Bessonoff, Parker O'Shell, Merit Schumaker*

© Basil Bessonoff and Culmen International, 2018. All rights reserved. No part of this publication may be reproduced, stored in a retrieval system, or transmitted, in any form or by any means, electronic, mechanical, photocopying, recording, or otherwise, without the prior written permission of the copyright owners.

Printed in the United States of America.
Culmen International, LLC www.Culmen.com
ReadandThinkRussian@culmen.com

Acknowledgements

I would like to express my appreciation to our contributing editors, Eric Jacobson and Kevin Lutes for their invaluable, technical support in preparing the textbook for publication. Special thanks to my brother, Michael Bessonoff, for proofreading the manuscript and his technical help with the topical glossaries. This project would have remained unpublished without their dedication and support.

I would like to acknowledge the following electronic resources that were used for the photos and reading segments:

Argumenty I Fakty (Аргументы и Факты)

BBC Russian World Service

Izvestia (Известия)

Nezavisimaya Gazeta (Независимая газета)

Novaya Gazeta (Новая газета)

Reuters

Russkaya Mysl (Русская Мысль)

Russian Wikipedia

Snob (Сноб)

The Embassy of the Russian Federation's (Washington, D.C.) Calendars for 2016 and 2017

Many thanks to my colleagues and students for their valuable feedback and suggestions.

TABLE OF CONTENTS

EDITORIAL INTRODUCTION 10

AUTHOR'S FORWARD 12

ГЛАВА 1. ОБЩАЯ ИНФОРМАЦИЯ О РОССИИ 15

   Тема 1. Население 16
      Лексика и грамматика 17
         ✏ **Expressions Related to Russian Nationality and Citizenship** ... 17
      Вопросы к теме 20

   Тема 2. Территория 21
      Лексика и грамматика 22
         ✏ **Genitive after numerals** 22
      Вопросы к теме 24

   Тема 3. Климат 25
      Лексика и грамматика 26
         ✏ **Temperature-related words** 26
      Вопросы к теме 27

   Тема 4. Государственное устройство РФ 28
      Лексика и грамматика 29
         ✏ **The Use of «который»** 30
         ✏ **Imperfective gerunds** 30
         ✏ **Date-related expressions** 31
      Вопросы к теме 32
      Express It In Russian 33
      Chapter One Topical Vocabulary 35
      Geographic Names 39

ГЛАВА 2. МЕЖДУНАРОДНЫЕ ОТНОШЕНИЯ РФ 40

   Тема 1. Россия и США 42
      Часть 1. Обама и Медведев отчитались о перезагрузке отношений ... 42
      Лексика и грамматика 43
         ✏ **Past Passive Participles** 43
         ✏ **Struggle/fight-related words** 44
      Вопросы к теме 46

Часть 2. Сотрудничество между РФ и США 47
Лексика и грамматика 48
✎ Superlative adjectives 48
Вопросы к теме 51
Express It in Russian 52
Дополнительная информация. Первый звонок 53
Вопросы для обсуждения 54

Тема 2. Россия и Китай 55
Часть 1. В отношениях России и Китая начинается новый этап ... 55
Лексика и грамматика 58
✎ The "Beginning" and "Ending" Verbs 58
✎ The declension of «два/две» 58
Вопросы к теме 62
Часть 2. Когда китайцы заселят Россию? 63
Лексика и грамматика 64
✎ Temporal Expressions with «еже-» 64
✎ Visiting places and people 65
✎ The "Growing" Verbs & Related Words 66
Дополнительная информация. Россия и Китай в цифрах 67
Вопросы к теме 68
Express It in Russian 69
Дополнительная информация. Китай – не союзник, но партнёр ... 70
Вопросы для обсуждения 71

Тема 3. Россия и Ближний Восток 72
Часть 1. Визит президента РФ в Египет 72
Лексика и грамматика 73
✎ Declensions of numerals «три» and «четыре» 75
Вопросы к теме 76
Часть 2. Россия и Иран 77
Лексика и грамматика 78
✎ Expressions with the verb «иметь» 79
Вопросы к теме 80
Для информации. Визит президента РФ в Иран 81
Вопросы к теме 82
Часть 3. Россия и Сирия 83
Лексика и грамматика 85
✎ The verbs «попадать/попасть» 86
Дополнительная информация. О чём договорились на переговорах по Сирии в Астане? 87

  Вопросы для обсуждения 88
  Вопросы к теме 89
 Express It in Russian 90
 Тема для обсуждения. Почему Россию не любят в остальном мире? ... 92
   🖉 **Fear Related Words** 93
  Лексика и грамматика 94
   🖉 **Past Passive Participles** 94
   🖉 **Adjectives describing size** 94
   🖉 **Winning and Loosing Related Words** 95
   🖉 **The motion verbs «водить» and «вести»** 96
  Вопросы к теме 97

Тема 4. Россия и Страны СНГ 98
 Часть 1. Россия и Украина 98
  Лексика и грамматика 100
  Вопросы к теме 103
 **Для информации. На каком языке разговаривают
 граждане Украины?** 104
 Часть 2. Россия и Грузия 105
  Лексика и грамматика 106
   🖉 **The use of Dative case in age-related expressions** 108
  Вопросы к теме 109
 Часть 3. Россия и Казахстан 110
  Лексика и грамматика 112
   🖉 **The use of «свой»** 113
   🖉 **Imperfective gerunds** 113
   🖉 **Space-Related Words** 114
  Вопросы к теме 115
 Часть 4. Россия и Беларусь 116
 Для информации. Пойдет ли Беларусь по пути Украины? 118
  Вопросы к теме 119
  Лексика и грамматика 120
   🖉 **Irregular Comparative Adjectives** 120
   🖉 **How to Form Comparative and Superlative Adjectives** 121
   🖉 **The use of reflexive verbs to express passive meaning** 122
   🖉 **The use of reflexive verbs to express passive meaning** 122
   🖉 **The Declension of the numeral "One"** 124
   🖉 **The Russian equivalent for Both** 124
  Вопросы к теме 125

Тема для обсуждения. Остались ли у России друзья в постсоветском пространстве? 126
Лексика и грамматика 128
- The use of «тот/то/та/те/же» to express "sameness" 129
- Present Active Participles 130
- Время-related words 130
- The use of «который» and its derivatives 131
- Quantitative expressions 131

Дополнительная информация. Казахстан, Таджикистан, Киргизия...... 132
Вопросы для обсуждения 134
Express It In Russian 135
Chapter Two Topical Vocabulary 137
Geographic Names 156

ГЛАВА 3. ПОЛИТИЧЕСКАЯ ЖИЗНЬ 157

Тема 1. **Россия Путина глазами россиян** 158
Для информации. Опрос 160
Лексика и грамматика 161
- «При» + prepositional case 161
- Past Active Participle 161
- Едва-related expressions 161
- Expressions with «-то» 161
- Positioning Verbs in Russian 162
- Talking about success using «удаваться» + infinitive 163
- The use of the prefix «пере» 164
- Conditional Phrases 165
- Both...and...construction in Russian 165
- Expressing necessity with «приходится» + infinitive 165

Вопросы к теме 167
Для информации. В.В. Путин, президент РФ 168

Тема 2. **Демонстрации протеста после выборов** 170
Лексика и грамматика 172
Вопросы к теме 174
Дополнительная информация. По каким правителям скучают россияне? 175
Каково ваше отношение к... ? 176
Лексика и грамматика 177
- Lying Related Words 178

Тема для обсуждения. Нужен ли России царь?	179
Лексика и грамматика	180
✏ The monarchy-related words	180
✏ The suffix «-ик» to describe occupations	180
✏ Dividing and sharing verbs	181
✏ Expressing opinions (summary)	181
Вопросы к теме	182
Express It In Russian	183
Chapter Three Topical Vocabulary	185
Expressions	191
Acronyms	192
Proper Names	192

ГЛАВА 4. ЭКОНОМИКА РФ 193

Тема 1. Переход к рынку или история приватизации	194
Лексика и грамматика	197
Вопросы к теме	201
Тема 2. Проблемы и перспективы Российской экономики	202
Часть 1. Проблемы	202
Лексика и грамматика	204
Вопросы к теме	208
Часть 2. Перспективы	209
Для информации	211
Лексика и грамматика	212
✏ "Learning" and "studying" verbs	214
✏ Passive voice using reflexive verbs	215
Вопросы к теме	216
Express It In Russian	218
Chapter Four Topical Vocabulary	221
Expressions	228
Proper Nouns	229
Acronyms	229

ГЛАВА 5. РОССИЙСКАЯ АРМИЯ 230

Тема 1. Студенты и мигранты в армии	231
Для информации. Мнения россиян	233
Лексика и грамматика	234
✏ Army-related expressions	234

  Вопросы к теме 237

Тема 2. РФ вооружит Каир и Белград 239
  Лексика и грамматика 240
    ✎ **Weapon-related expressions** 240
  Вопросы к теме 242

Тема 3. Совместные учения в Северодвинске 244
  Лексика и грамматика 246
  Вопросы к теме 248
  Express it in Russian 249
  Chapter Five Topical Vocabulary 251
  Expressions 256
  Acronyms 257
  Geografic names 257

RUSSIAN-ENGLISH GLOSSARY 258

ENGLISH-RUSSIAN GLOSSARY 293

AUDIO SUPPLEMENT 325

LIST OF ILLUSTRATIONS 326

EDITORIAL INTRODUCTION

The ability to understand and communicate in Russian is essential for government, industry and cultural relations with Russia and predominantly Russian speaking countries. Regardless of one's perspective on the subject of Russia, it is a fact that Russia is an active and important player on the world stage. Interest in the Russian language has seen a resurgence over the past several years, an interest that had faded as the Cold War drew to a close and the Middle East and Asia became areas of heightened activity and study. While those areas continue to garner significant interest, Russian studies have gained ground and caught up during that period. Under Vladimir Putin, Russia has been a topic of interest and frequent conversation, whether it involves Russia's presence in the Middle East, Russia's relations with the other countries of the Former Soviet Union (FSU), or U.S.-Russian relations. This textbook presents an informational, neutral view on these topics. It is intended as a useful tool to study the Russian language and understand Russia.

There is a shortage of material available, especially for intermediate learners in Russian language instruction and regional studies. This textbook is an essential resource for those interested in further study and practical knowledge of the Russian language and the socio-political elements of Russia. It seeks to add to what students have learned in earlier Russian courses, especially in terms of vocabulary and grammar not found in other Russian textbooks. This resource innovates on current language instruction and provides a stepping stone for those that desire to delve into the advanced study of Russian.

Read and Speak Russian is the concept and work of Basil Bessonoff, a Russian instructor of adult learners for more than 35 years, the co-author of the U.S. edition of the *Road to Russia* textbook for beginners, and a fellow of the Charted Institute of Linguists (United Kingdom).

This textbook is designed to bridge the gap between the language instruction methodology used in English-speaking countries and those found in Russian schools and colleges, known as "analytical reading." This book consists of detailed, contemporary passages on a variety of practical topics, such as Russia's international relations, Russia's military, and Russia's economics, facilitating the transition to work and study abroad.

First and foremost, this book is focused on reading comprehension, with which students can learn topical, practical, and important information about Russia while simultaneously bolstering their vocabulary with key words and phrases. Following reading comprehension, this textbook provides a balanced approach the other language skills of writing, listening, and speaking. Translation exercises and discussion questions foster conversation and reiterate essential information from the topical passages. The book reinforces the areas that English speaking students frequently struggle with, such as verbs of motion, case government, numerals, verbal adverbs, and participles.

This book provides a solid foundation and a degree of cultural literacy for continued Russian studies, while facilitating a more rapid progression towards an advanced level of proficiency.

Daniel V. Berkon
Publisher and CEO
Culmen International, LLC

With experience in over 100 countries on six continents (including the regions of Eastern and Western Europe, the former Soviet Union, the Middle East, Southeast Asia, Africa, and Latin America), Culmen International implements culture and language programs worldwide in addition to specialized services for U.S. Government agencies, partner countries, non-governmental organizations (NGOs), and private industry. Culmen's cultural and language services include language instruction, cultural awareness and immersion training, interpretation and translation.

Learn more: www.culmen.com

AUTHOR'S FORWARD

Read and Think Russian is an intermediate-level textbook with the goal of bringing students' proficiency to the advanced-low level by the end of Book I, and to the advanced-mid level upon the completion of Book II. Both books can be used in a standard one year course or in an intensive, accelerated format.

Book I consists of five thematic chapters:

- General information about Russia,
- International relations between Russia and other countries,
- Political life in modern Russia,
- The Russian economy, and
- Russian military affairs.

Although the focus of the textbook is on reading comprehension, other aspects of language skills such as speaking, listening and writing are presented in a balanced fashion to meet the needs of students who wish to reach an advanced level of proficiency in all modalities according to The American Council on the Teaching of Foreign Languages (ACTFL) scale.

Each chapter is subdivided into several thematically related sections, each containing a short segment from contemporary Russian social media. Essential vocabulary is located on the margins, enabling students to scan for the main ideas presented in the section. The vocabulary sections activate and expand lexical items related to the topic with emphasis on the word formation, thus increasing students' active and passive vocabulary. Grammar and lexical sections focus mostly on problematic areas for the learners, such as case government, verbs of motion, numerals, verbal adverbs and participles. Gradually, the texts increase in length and difficultly. Some chapters contain segments inviting students to express their own opinions on debatable topics, including those of national and international interest. Numerous illustrations throughout the textbook provide ample opportunity for verbal narratives and a descriptive discourse. Each chapter ends with a written translation assignment to test the students' grasp of the key lexical and grammatical points from the entire unit.

The companion website contains audio files aimed at improving learners' listening comprehension and pronunciation, as well as the ability to summarize the main ideas of the audio segments on a variety of topics.

Chapter I opens with general information about Russia, its geography, population, languages, religions, and ethnicities; providing students with some essential geographic terms as well as the expressions related to Russian nationality, citizenship, and religion.

The following sections cover the territory and climate of the Russian Federation, expanding students' active and passive topical vocabulary on these subjects. The chapter ends with some general information about the organizational structure of the Russian government, the role of the president, and an examination of the Russian parliament.

Chapter II presents an overview of Russia's international relations with other countries. Since the textbook is primarily intended for North American students, much attention is devoted to U.S.-Russian relations, focusing on the top priorities for both countries in recent years. This chapter's segments provide some historic insights into the dynamics of U.S.-Russian relations under President Barack Obama and under the current administration that assumed power in January 2017. This discussion provides the necessary lexical and grammatical tools for further study of the subject. The second part of Chapter II is about Sino-Russian relations and the emphasis that China and Russia have placed on the economic priorities for both countries, as well as the prospects and principles for future collaboration. The segment covering Chinese migration to Russia gives students a good opportunity to debate the topic. The Middle East section of the textbook contains information covering three of Russia's key partners in the region: Egypt, Iran, and Syria. Due to the topical nature of the subject, a special segment describes the history of Russian-Syrian relations between the 19th century and today, followed by questions for group discussions. The next part of the chapter contains background information about Russia's relations with the post-Soviet states, with focus on Ukraine, Georgia, Kazakhstan, and Belarus. In the discussion sections, students are invited to engage in debate over attitudes toward Russia in different parts of the world, including the post-Soviet space.

Chapter III is about political life in modern Russia. It starts with an analysis of Russia under Vladimir Putin based on the views of his supporters and opponents. A special segment is devoted to the protests and rallies of the opposition, with which students will familiarize themselves with the names of the best known political parties and movements in modern Russia.

The informational section of Chapter III provides popularity ratings of some former Russian leaders, giving students a good opportunity to exchange opinions on the results of the survey and learn the correct spelling and pronunciation of famous figures. The chapter concludes with a discussion about monarchy in modern Russia and the willingness of some leaders to bring it back.

Chapter IV gives an historic overview of Russia's turbulent transition from communism to a market economy during the 1990s. It analyzes the major problems facing the Russian economy as well as projections for its future development.

The main goal of Chapter V is to develop students' ability to read and analyze Russian social media on military topics. The suggested texts discuss challenges (such as migrants in the Russian military) and new trends (such as Russia's new strategic alliances) and should help students to memorize and activate the topical vocabulary that is typically unfamiliar to learners of Russian at this level of instruction.

Read and Speak Russian, similarly to its predecessor *Road to Russia*, was designed to bridge the gap between the language teaching methodology used in the English-speaking countries and those existing in Russian schools and colleges, commonly known as "аналитическое чтение," or "analytical reading."

The textbook should facilitate the academic and cultural transition for North American students (both heritage speakers and traditional learners) going to Russia to continue their study whatever their goals for learning Russian may be. This textbook should help the reader build a solid foundation for a more rapid progression towards an advanced level of proficiency.

Удачи!

Basil Bessonoff, Ph.D.
Author
ReadandThinkRussian@culmen.com

Professor Basil Bessonoff holds advanced degrees in applied linguistics from the Universities of London and St. Petersburg. He is also a fellow of the Chartered Institute of Linguists and the Academic Director of its examination center in Washington, D.C. Since 1994, Professor Bessonoff has taught courses at numerous universities and government agencies. He also acted as the Academic Advisor for the North American edition of the *Ruslan Russian I* textbook (2008) and co-authored and edited the U.S. edition of the *Road to Russia* textbook for beginners (2013).

ГЛАВА 1. ОБЩАЯ ИНФОРМАЦИЯ О РОССИИ

Тема 1. Население
  Лексика и грамматика
    ✎ **Expressions Related to Russian Nationality and Citizenship**
  Вопросы к теме

Тема 2. Территория
  Лексика и грамматика
    ✎ **Genitive after numerals**
  Вопросы к теме

Тема 3. Климат
  Лексика и грамматика
    ✎ **Temperature-related words**
  Вопросы к теме

Тема 4. Государственное устройство РФ
  Лексика и грамматика
    ✎ **The Use of «который»**
    ✎ **Imperfective gerunds**
    ✎ **Date-related expressions**
  Вопросы к теме
  Express It In Russian
  Chapter One Topical Vocabulary
  Geographic Names

Глава 1. Общая информация о России

ТЕМА 1. НАСЕЛЕНИЕ[1]

Флаг и герб (emblem) РФ

Россия – самое большое государство[2] в мире[3], расположенное[4] на востоке[5] Европы[6] и в северной[7] части[8] Азии[9]. Население Российской Федерации на 1 сентября 2016 г. составляло[10] 143,5 млн. чел. По численности населения[11] Россия занимает[12] девятое место в мире.

В России живёт 2% населения Земли[13]. Основная часть[14] населения сосредоточена[15] в Европейской части страны. 74% населения страны живёт в городах, 26% – в сельской местности[16]. Россия – многонациональное[17] государство. Всего на её территории[18] проживают[19] 160 национальностей[20]. Основную часть населения составляют русские (80%).

Государственным языком[21] в Российской Федерации является[22] русский. Основная религия[23] – православие[24], в меньшей степени распространены[25] мусульманство[26], католицизм, буддизм и другие конфессии[27].

1. population
2. state, country
3. in the World
4. situated, located
5. in the East
6. of Europe
7. northern
8. part
9. Asia
10. comprised
11. in terms of the population
12. occupies
13. of the Earth
14. majority
15. is concentrated
16. in rural areas
17. multinational
18. in its Territory
19. lives, resides (formal)
20. nationalities
21. official language
22. is (formal)
23. religion
24. orthodox
25. are less widespread
26. Islam
27. denominations

Глава 1. Общая информация о России

Лексика и грамматика

населе́ние (n) – population

госуда́рство (n) – state, country

   госуда́рственный (adj) – official, related to state

мир (n) – world, peace

мирово́й (adj) – global, worldly

   e.g. *мировы́е пробле́мы* – global problems

всеми́рный (adj) – related to the whole world

   e.g. *Всеми́рный Банк* – World Bank

ми́рный (adj) – peaceful

   e.g. *ми́рные инициати́вы* – peace initiatives
   e.g. *ми́рное населе́ние* – civilians

Земля́ (n) – earth

располага́ть/расположи́ть (v) – to situate, to place

располо́женный/ая/ое/ые – is/are situated (past passive participle of **расположи́ть**)

Росси́йская Федера́ция (n) – Russian Federation

   росси́йский (adj) – Russian, geography-related, politically-related (see below)

«Миру – мир»

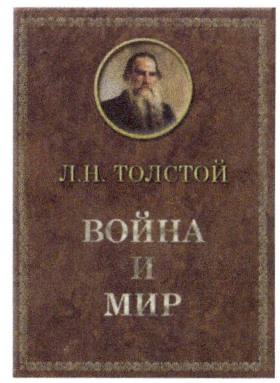
«Война и мир»

> ✏️ **Expressions Related to Russian Nationality and Citizenship**
>
> The word **русский** mainly refers to the ethnicity, but not to one's citizenship or residency.
>
>   e.g. *Влади́мир Набо́ков – ру́сский писа́тель.*
> Vladimir Nabokov is a Russian writer (He lived most of his life outside of Russia, mostly in the United States).
>
> The word **российский** is more residency related.
>
>   e.g. *Русла́н Хасбула́тов – изве́стный росси́йский поли́тик.*
> Ruslan Khasbulatov is a famous Russian politician (of Chechen nationality).
>
> The words **россиянин/россиянка/россияне** (m/f/pl) indicate Russian nationals of any ethnic origin.
>
>   e.g. *Влади́мир Пу́тин – ру́сский. Он россия́нин и президе́нт Росси́йской Федера́ции.*

Reminder
The word **мир** also means peace, as well as the world

e.g. *Война́ и мир*
War and Peace
(a novel by Leo Tolstoy)

e.g. *Ми́ру – мир*
Peace to the World
(a Soviet Slogan)

Глава 1. Общая информация о России

Евро́па (n) – Europe

    европе́йский (adj) – European

А́зия (n) – Asia

    азиа́тский (adj) – Asian

се́вер (n) – North

    се́верный (adj) – Northern

юг (n) – South

    ю́жный (adj) – Southern

восто́к (n) – East

    восто́чный (adj) – Eastern

за́пад (n) – West

    за́падный (adj) – Western

составля́ть/соста́вить (v) – to comprise, to make up

занима́ть/заня́ть (v) – to occupy, to take

основно́й (adj) – major, predominant

ча́сть (n, f) part

сосредота́чивать/сосредото́чить (v) – to concentrate

се́льский (adj) – rural

    се́льское хозя́йство (n) – agriculture

    сельскохозя́йственный (adj) – agricultural (the longest adjective in Russian!)

село́ (n) – a small village

ме́стность (n) – area

ме́стный (adj) – local

> ✏️ **Abbreviations**
> **РФ** – Российская Федерация
> **чел** – человек (persons – people)
> **г** – год
> **млн** – миллион

> ✏️ **Note**
> nouns ending in **–сть** are feminine.
> **власть** (n) – power
> **часть** (n, f) – part

Reminder

The Russian word for percent (%) is **процент**.

    e.g. *Один процент* (nom. sing)
    Два, три, четыре процента (gen. sing)
    Пять процентов (gen. pl)

Глава 1. Общая информация о России

национа́льность (n) – nationality

    национа́льный (adj) – national

    многонациона́льный (adj) – multinational

террито́рия (n) – territory

всего́ (adj) – total (a genitive form of весь)

явля́ться/яви́ться (v) – to appear, to act as

рели́гия (n) – religion

    религио́зный (adj) – religious

правосла́вие (n) – Orthodox religion

    правосла́вный (adj) – Orthodox

католици́зм (n) – Catholicism

    католи́ческий (adj) – Catholic

    като́лик/католи́чка (n, m/f) – member of the Catholic Church

мусульма́нство (n) – Islam

    мусульма́нин/мусульма́нка/мусульма́не (n, m/f/pl) – Muslim

конфе́ссия (n) – denomination

Can you label the compass rose in Russian?

Reminder

The verb **является** (the 3rd person singular of являться) takes the instrumental case.

e.g. *Русский язык является государственным языком в России.*

Глава 1. Общая информация о России

Вопросы к теме

1. Где находится Россия?

2. Какое население России?

3. Сколько национальностей живёт в России?

4. Какой государственный язык Российской Федерации?

5. Какая основная религия в России?

Глава 1. Общая информация о России

ТЕМА 2. ТЕРРИТОРИЯ

Кавказские горы

Общая площадь[1] России – 17 075 400 кв. км. (квадратных километров). 45% площади страны занимают[2] леса[3], 4% – водоёмы[4]. На территории России около 2,5 миллионов рек и 2 млн. озёр[5].

Крупные[6] реки – Волга, Дон, Обь, Енисей, Ангара, Лена, Амур; крупные озера – Каспийское (море), Байкал, Ладожское, Онежское. В России есть 43 национальных парка и 103 заповедника[7].

1. территория
2. occupy/cover
3. woods/forests
4. water reservoir
5. lakes (pl. gen)
6. big
7. nature preserves

Глава 1. Общая информация о России
Лексика и грамматика

Озеро Байкал

о́бщий (adj) – total, common

пло́щадь (f) – area

река́ (n) – river

о́зеро/озёра (n/pl) – lake

кру́пный (adj) – big, large (syn большой)

мо́ре (n) – sea

Каспи́йское мо́ре – Caspian Sea

океа́н (n) – ocean

лес/леса́ (n/pl) – forest, wood

водоём (n) – water reservoir

запове́дник (n) – nature preserve

> ✎ **Genitive after numerals**
> **кв. км.** is an abbreviation for **квадратный километр**, which is one square kilometer, equal to 0.386 square miles.

Reminder on Genitive After Numbers

1. Use genitive singular after 2, 3, 4 and numerals exceeding 20 which end in 2, 3, and 4.
   e.g. *два миллиона*
   e.g. *тридцать две реки*

2. Use genitive plural after numbers between 5 and 20 and those over 20 ending in 0, 5, 6, 7, 8, and 9.
   e.g. *тридцать шесть рек*

3. 2.5 million is written as **2,5 млн** or **два с половиной миллиона.**

22

Глава 1. Общая информация о России

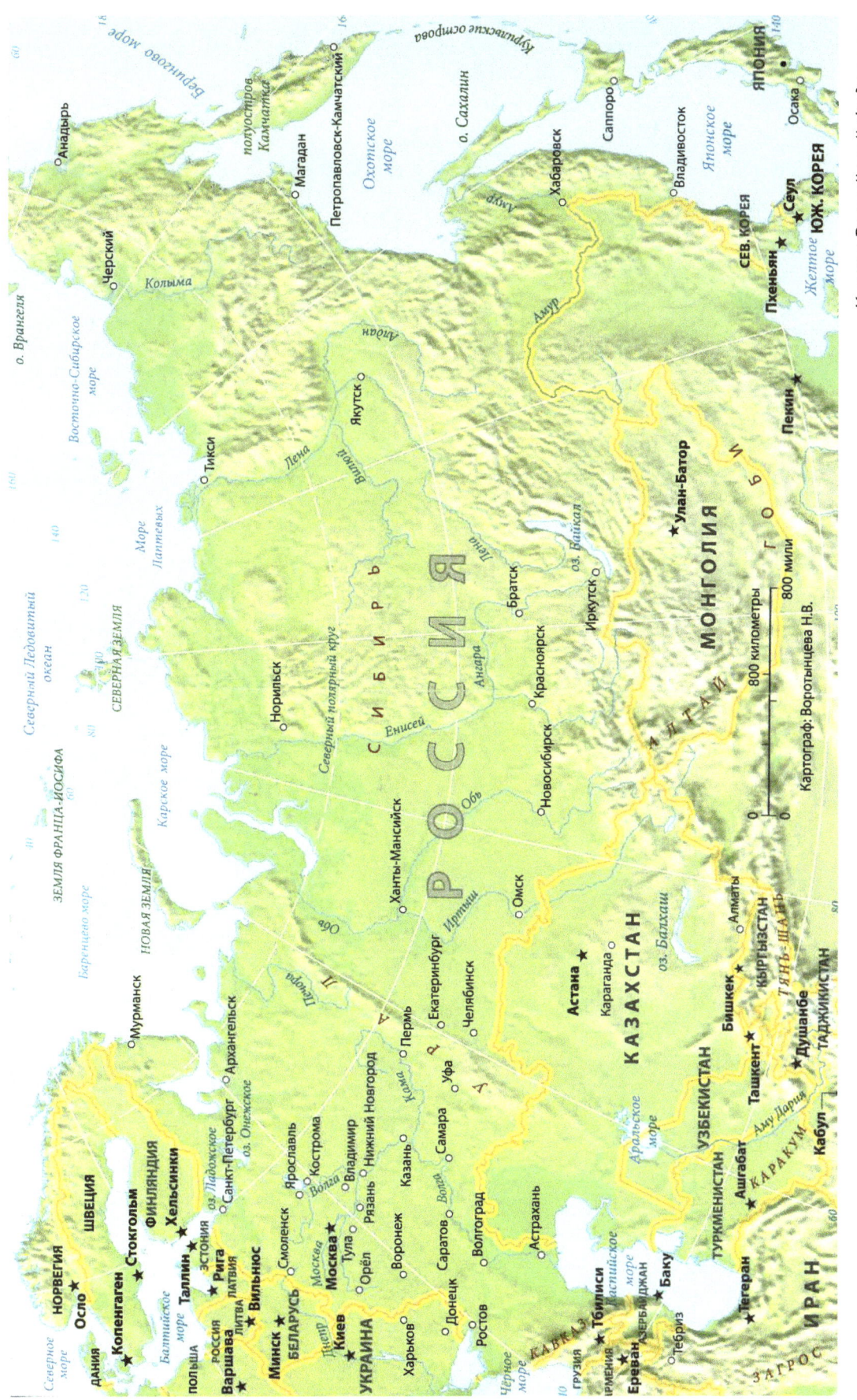

Карта Российской Федерации

Глава 1. Общая информация о России

Вопросы к теме

Река Волга

1. Какая общая площадь России?

   _____
   _____
   _____

2. Сколько рек и озер в России?

   _____
   _____
   _____

3. Какие крупные реки, озера и моря в России?

   _____
   _____
   _____
   _____

Глава 1. Общая информация о России

ТЕМА 3. КЛИМАТ

Река Волга

Климат изменяется[1] от морского[2] на крайнем Северо-Западе[3] до резко континентального[4] в Сибири[5] и муссонного[6] на Дальнем Востоке[7].

Средние температуры[8] января от 0 до −50°C, июля от +1 до +25°C; количество осадков[9] от 150 до 2000 мм в год. На территории России расположены следующие[10] природные зоны[11]: арктическая пустыня[12], тундровая зона[13], лесная зона[14], степная[15] и полупустынная зоны.

1. changes (3rd per. sing)
2. marine
3. extreme northwest
4. harsh continental
5. Siberia
6. monsoon
7. Far East
8. average temperatures
9. total precipitation
10. the following
11. climate zones
12. arctic desert
13. tundra
14. wooden area, forest
15. steppe

Глава 1. Общая информация о России

Лексика и грамматика

климат (n) – climate

изменяться/измениться (v) – to change, to vary

морской (adj) – marine

крайний (adj) – extreme

резко континентальный (adj) – harsh continental

муссонный (n) – monsoon

Дальний Восток (n) – Far East

    дальневосточный (adj) – far eastern

средняя температура (n) – average temperature

осадки (n) – precipitation (always pl)

следующий (adj) – the following

природа (n) – nature

    природный (adj) – natural, climatic

    природные зоны (n) – climate zones

Арктика (n) – arctic

    арктическая (adj) – arctic

пустыня (n) – desert

тундра (n) – tundra

    тундровый (adj) – tundra-related

степь (f) – steppe

Сибирь (f) – Siberia

    сибирский (adj) – Siberian

> ✏️ **Temperature-related words**
>
> To express a total quantity of something, use the word **количество** + gen.
>
> **количество осадков** – total precipitation

Reminder

Russians use Celsius to measure temperature. To describe temperatures above zero degrees, use the symbol + (**плюс**) and for those below zero degrees, use the symbol – (**минус**).

The Russian word for degree is **градус**.

+23°C = *плюс 23 градуса*

−35°C = *минус 35 градусов*

26

Глава 1. Общая информация о России

Вопросы к теме

1. Как изменяется климат в России?

_____

_____

2. Какие природные зоны расположены на территории России?

_____

_____

Россия на глобусе

Глава 1. Общая информация о России

ТЕМА 4. ГОСУДАРСТВЕННОЕ УСТРОЙСТВО РФ[1]

Государственная Дума РФ

Россия – демократическое федеративное государство[2] с республиканской формой правления[3]. Представительный[4] и законодательный орган[5] Российской Федерации – двухпалатное Федеральное Собрание[6] (Совет Федерации[7] и Государственная Дума[8]). В Совет Федерации входят[9] представители[10] от каждого субъекта Федерации[11]. Депутаты Государственной Думы избираются[12] по партийным спискам[13] сроком[14] на 5 лет.

Глава Государства[15] – президент Российской Федерации, который также является также Верховным Главнокомандующим Вооружёнными силами[16]. Президент РФ избирается[17] гражданами[18] России на основе[19] прямого избирательного права путём тайного голосования[20] на шестилетний срок[21]. 4 марта 2012 г. Владимир Путин был избран президентом Российской Федерации.

Исполнительную власть[22] осуществляет[23] правительство Российской Федерации. Председатель правительства[24] назначается[25] президентом с согласия[26] Государственной Думы. В состав Российской Федерации входят 83 субъекта[27] (республики, края[28] и области[29]), включая[30] Москву и Санкт-Петербург. Столица Российской Федерации – город Москва.

1. government organization
2. federal state
3. rule, governance
4. representative
5. legislative body
6. bicameral Federal Assembly
7. The Council of Federation
8. The State Duma
9. consists of
10. representatives
11. Federal Entity
12. are elected
13. from party lists
14. for the term of
15. the head of State
16. Supreme Commander-In-Chief of the Armed Forces
17. is elected
18. by the citizens
19. on the basis of
20. direct secret ballot
21. for a 6 year term
22. executive power
23. exercises
24. Chairman of the Government
25. is appointed by
26. with the consent of
27. Federal Entities
28. territories
29. regions
30. including

Глава 1. Общая информация о России

Лексика и грамматика

демокра́тия (n) – democracy

демокра́т (n) – democrat

    демократи́ческий (adj) – democratic

федерати́вный (adj) – federal

    Федера́льное Собра́ние (n) – Federal Assembly

Сове́т Федера́ции (n) – The Council of Federation

субъе́кт федера́ции (n) – federal entity

госуда́рство (n) – state

    Госуда́рственная Ду́ма (n) – The State Duma

респу́блика (n) – republic

    республика́нский (adj) – republican

    республика́нец/республика́нка (n, m/f) – a republican

правле́ние (n) – rule, reign

    управле́ние (n) – management, supervision

    пра́вить (v/imp) – to rule

    управля́ть (vimp) – to manage, supervise

представи́тель (n) – representative

    представи́тельный (adj) – representative

зако́н (n) – law

    законода́тельный (adj) – legislative

депута́т (n) – member

> **Note**
> The legislation changed recently, so now it is a 50-50 split of party-listed and independent-aligned members.

Президент РФ Владимир Путин

избира́ть/избра́ть (v) – to elect

    избира́ться (v) – to be elected

    избира́тельное пра́во (n) – suffrage

    прямо́е избира́тельное пра́во (n) – direct vote

голосова́ние (n) – voting (process)

    голосова́ть (v) – to vote

та́йное голосова́ние (n) – secret ballot

срок (n) – term

власть (f) – power

    исполни́тельная власть (n) – executive power

    глава́/председа́тель прави́тельства (n) – head/chairman of the state

назнача́ть/назна́чить (v) – to appoint

    назнача́ться (v) + inst. – to be appointed

осуществля́ть/осуществи́ть (v) – to exercise

край (n) – territory

о́бласть (n) – region

включа́ть/включи́ть (v) – to include

> ✏️ **Note**
> To say was/were elected –
> **был/а/и + избран/-а /-ы**.
>
> To say will be elected –
> **бу́дет + избран/-а** (sing)
> **бу́дут + избраны** (pl)

> ✏️ **The Use of «который»**
>
> **Кото́рый/ая/ое/ые** translates as "which" and "who" depending upon the gender, number, and case of the noun(s) to which it refers.
>
>   e.g. *Студент, который приехал из Москвы, хорошо говорит по-китайски.*
>   The student who arrived from Moscow speaks Chinese well.
>
> **Кто** is mostly used in questions or in phrases implying questions.
>
>   e.g. *Кто президент России?* – Who is the President of Russia?
>   e.g. *Я не знаю, кто живёт в этом доме.* – I don't know who lives in that building.

> ✏️ **Imperfective gerunds**
>
> Imperfective gerunds are formed by adding the ending **-я** to the imperfective infinitives stem.
>
> e.g. *включая* means including
> *работать* – работая (working)
> *читать* – читая (reading)

Глава 1. Общая информация о России

Москва́ (n) – Moscow

Санкт-Петербу́рг (n) – Saint Petersburg

граждани́н (n) – citizen (male)

    гражда́нка (n) – citizen (female)

    гра́ждане (n, pl) – citizens

    гражда́нство (n) – citizenship

Москва

Санкт-Петербург

✎ Date-related expressions

Use neuter ordinal numbers followed by the name of the month in the genitive case.

    e.g. *Какое сегодня число?* – What is the date today?
Сегодня четвёртое марта. – Today is the fourth of March.

To say something happened or will happen on a specific date, put the date into the genitive case.

    e.g. *Четвёртого марта* – On the 4th of March
В каком году? – In what year?
В две тысячи двенадцатом году (Note the exception) – In 2012.

Глава 1. Общая информация о России

Вопросы к теме

1. Кто президент Российской Федерации?

2. Как избирается президент России?

3. Когда Владимир Путин был избран президентом России?

4. Что такое Федеральное Собрание?

5. Какой состав Российской Федерации?

6. На какой срок избираются президент России и депутаты Государственной Думы?

Глава 1. Общая информация о России

Express It In Russian

1. Russia is the largest country in the world.

2. Located in both Europe and Asia, Russia's population comprises 2% of the world's population.

3. Most people live in cities.

4. Russia is a multinational state.

5. There are many rivers, lakes, and seas in Russia's territory. The climate is continental in Siberia, and marine in the Far East.

6. The legislative body of the Russian Federation is the Federal Assembly.

7. The Duma members are elected for a five-year term.

8. The President of Russia was elected by direct secret ballot for a six-year term.

Глава 1. Общая информация о России

Chapter One Topical Vocabulary

аркти́ческий (adj) – arctic

А

верхо́вный (adj) – superior

В

вла́сть (f) (n) – power

вооружённые си́лы – armed forces

восто́к (n) – East

восто́чный (adj) – Eastern

главнокома́ндующий (n) – commander in chief

Г

голосова́ть (v) – to vote

голосова́ние (n) – voting

    прямо́е голосова́ние (n) – direct ballot

    та́йное голосова́ние (n) – secret ballot

госуда́рство (n) – state

Госуда́рственная Ду́ма (n) – The State Duma

граждани́н (n) – citizen

демократи́ческий (adj) – democratic

Д

демокра́тия (n) – democracy

депута́т (n) – deputy

зако́н (n) – law

З

законода́тельный (adj) – legislative

занима́ть/заня́ть (v) – to occupy

за́пад (n) – West

З

за́падный (adj) – Western

запове́дник (n) – nature reserve

зо́на (n) – zone

И

избира́ть/избра́ть (v) – to elect

избира́тельный (adj) – electoral

избира́тельное пра́во (adj + n) – suffrage, voting right

изменя́ть/измени́ть (v) – to change

исполни́тельный (adj) – executive

К

кли́мат (n) – climate

климати́ческий (adj) – climatic

коли́чество (n) – quantity

континента́льный (adj) – continental

край (n) – region

кру́пный (adj) – large

Л

лес (n)/**леса́** (pl) – wood(s)

лесно́й (adj) – forest related

М

мир (n) – world, peace

морско́й (adj) – marine

муссо́нный (adj) – monsoon

Н

назнача́ть/назна́чить (v) – to appoint

населе́ние (n) – population

национа́льность (n) – nationality

О

о́бласть (n) – territory

о́бщий (adj) – total

о́зеро (n)/**озёра** (pl) – lake(s)

океа́н (n) – ocean

оса́дки (n, pl) – precipitation

осно́ва (n) – foundation

основно́й (adj) – main

осуществля́ть/осуществи́ть (v) – implement, exercise

П

па́ртия (n) – party

парти́йный (adj) – party related

пло́щадь (n) – area

прави́тельство (n) – government

правле́ние (n) – rule

пра́во (n) – a right

представи́тель (n) – representative

приро́да (n) – nature

приро́дный (adj) – climatic

прямо́й (adj) – direct

пусты́ня (n) – desert

путём (n) – by means of

Р

расположе́н (v) – is situated

река́ (n) – river

ре́зко-континента́льный (adj) – sharply continental

рели́гия (n) – religion

религио́зный (adj) – religious

Р

респу́блика (n) – republic

республика́нскиий (adj) – republican

С

се́льская ме́стность (adj. + n) – rural area

се́вер (n) – North

се́верный (adj) – Northern

си́ла (n) – power, force

собра́ние (n) – assembly, meeting

сове́т (n) – council

Сове́т Федера́ции – Council of the Federation

согла́сие (n) – consent

соста́в (n) – composition

спи́сок (n) – list

сре́дний (adj) – average, medium

срок (n) – term, period of time

степь (n, f) – steppe

степно́й (adj) – steppe related

Т

та́йна (n) – secret

та́йный (adj) – secret

температу́ра (n) – temperature

террито́рия (n) – area, territory

ту́ндра (n) – tundra

ту́ндровый (adj) – tundra related

Ю

юг (n) – South

ю́жный (adj) – Southern

Geographic Names

А́зия (n) – Asia

Азиа́тскиий (adj) – Asian

Аму́р (n) – the Amur (a river in Siberia)

Ангара́ (n) – the Angara (a river in Siberia)

Байка́л (n) – the Baikal (a lake in Siberia)

Во́лга (n) – the Volga (a river)

Да́льний Восто́к (n) – the Far East

Дон (n) – the Don (a river)

Евро́па (n) – Europe

Европе́йский (adj) – European

Каспи́йское мо́ре – the Caspian Sea

Ла́дожское о́зеро – theLadoga Lake

Москва́ (n) – Moscow

Обь (n) – the Ob (a river in Siberia)

Оне́жское о́зеро – the Onega Lake

Росси́йская Федера́ция – Russian Federation

Сиби́рь (n) – Siberia

Санкт-Петербу́рг (n) – Saint-Petersburg

ГЛАВА 2. МЕЖДУНАРОДНЫЕ ОТНОШЕНИЯ РФ

Тема 1. Россия и США
Часть 1. Обама и Медведев отчитались о перезагрузке отношений
Лексика и грамматика
- Past Passive Participles
- Struggle/fight-related words

Вопросы к теме
Часть 2. Сотрудничество между РФ и США
Лексика и грамматика
- Superlative adjectives

Вопросы к теме
Express It in Russian
Дополнительная информация. Первый звонок
Вопросы для обсуждения

Тема 2. Россия и Китай
Часть 1. В отношениях России и Китая начинается новый этап
Лексика и грамматика
- The "Beginning" and "Ending" Verbs
- The declension of два/две

Вопросы к теме
Часть 2. Когда китайцы заселят Россию?
Лексика и грамматика
- Temporal Expressions with «еже-»
- Visiting places and people
- The "Growing" Verbs & Related Words

Дополнительная информация. Россия и Китай в цифрах
Вопросы к теме
Express It in Russian
Дополнительная информация. Китай – не союзник, но партнёр
Вопросы для обсуждения

Тема 3. Россия и Ближний Восток
Часть 1. Визит президента РФ в Египет
Лексика и грамматика
- Declensions of numerals «три» and «четыре»

Вопросы к теме
Часть 2. Россия и Иран
Лексика и грамматика
- Expressions with the verb «иметь»

Вопросы к теме
Для информации. Визит президента РФ в Иран
Вопросы к теме
Часть 3. Россия и Сирия
Лексика и грамматика
- The verbs «попадать/попасть»

Дополнительная информация. О чём договорились на переговорах по Сирии в Астане?

Вопросы для обсуждения
Вопросы к теме
Express It in Russian
Тема для обсуждения. Почему Россию не любят в остальном мире?
- Fear Related Words

Лексика и грамматика
- Past Passive Participles
- Adjectives describing size
- Winning and Loosing Related Words
- The motion verbs «водить» and «вести»

Вопросы к теме

Тема 4. Россия и Страны СНГ
Часть 1. Россия и Украина
Лексика и грамматика
Вопросы к теме
Для информации. На каком языке разговаривают граждане Украины?
Часть 2. Россия и Грузия
Лексика и грамматика
- The use of Dative case in age-related expressions

Вопросы к теме
Часть 3. Россия и Казахстан
Лексика и грамматика
- The use of «свой»
- Imperfective gerunds
- Space-Related Words

Вопросы к теме
Часть 4. Россия и Беларусь
Для информации. Пойдет ли Беларусь по пути Украины?
Вопросы к теме
Лексика и грамматика
- Irregular Comparative Adjectives
- How to Form Comparative and Superlative Adjectives
- The use of reflexive verbs to express passive meaning
- The use of reflexive verbs to express passive meaning
- The Declension of the numeral "One"
- The Russian equivalent for Both

Вопросы к теме
Тема для обсуждения. Остались ли у России друзья в постсоветском пространстве?
Лексика и грамматика
- The use of «тот/то/та/те/же» to express "sameness"
- Present Active Participles
- Время related words
- The use of «Который» and its derivatives
- Quantitative expressions

Дополнительная информация. Казахстан, Таджикистан, Киргизия
Вопросы для обсуждения
Express It In Russian
Chapter Two Topical Vocabulary
Geographic Names

Глава 2. Международные отношения РФ[1]

ТЕМА 1. РОССИЯ И США

Барак Обама и Дмитрий Медведев

Часть 1. Обама и Медведев отчитались[2] о перезагрузке[3] отношений

Барак Обама и президент РФ по итогам[4] переговоров[5] в Вашингтоне заявили[6] об успешной[7] перезагрузке отношений между США и Россией. Подписано[8] соглашение[9] о покупке[10] Россией 50 лайнеров Boeing. Их общая стоимость[11] составит около 4 миллиардов долларов.

Стороны[12] договорились[13] о партнёрстве[14] в области[15] инноваций[16], обсудили[17] вопросы международного усыновления[18], ситуацию в Афганистане, а также проблемы борьбы[19] с международным терроризмом.

При этом[20] американский президент сказал, что в отношениях между двумя странами остаётся[21] ряд[22] нерешенных[23] вопросов, однако отметил[24], что они обсуждаются[25] «откровенно»[26]. Президент РФ в свою очередь[27] заявил о поддержке[28] усилий[29] США по восстановлению[30] Афганистана.

В начале совместной[31] пресс-конференции Обама предположил[32], что в будущем[33] общение[34] между ним и президентом РФ может проходить через Twitter.

1. international relations
2. reported
3. resetting
4. by the results
5. of negotiations
6. declared
7. successful
8. is signed
9. agreement
10. purchase (n)
11. cost (n)
12. (both) sides
13. agreed on/about
14. partnership
15. in the sphere of
16. innovations
17. discussed
18. international adoptions
19. struggle against
20. at the same time
21. remains
22. a number of
23. unresolved
24. noted
25. are discussed
26. candidly
27. in his turn
28. support
29. efforts
30. rebuilding
31. joint
32. assumed
33. in the future
34. communication

Глава 2. Международные отношения РФ
Лексика и грамматика

Флаги США и РФ

отношения (pl) – relations

между (adv) – between

    международные отношения (n) – international relations

итог (n) – result, summary

    по итогам – according to the results (dat. pl)

переговоры (always pl) – negotiations

заявлять/заявить (v) – to declare, state

> **Note**
>
> **Между** takes the instrumental case.
>
> **Между странами** – between the countries

> **Past Passive Participles**
>
> **Нерешённый** (unresolved) is a past passive participle of the verb **решать**. Many perfective verbs ending in **-ить** or **-еть** form such participles by adding the endings **-енный/-ая/-ое/-ые** to the stem of the perfective infinitive.
>
>   *решить – решённый*   *закончить* (to finish) *– законченный*
>
>   *купить – купленный* (bought)   *законченная книга* – a finished book
>
>   *купленная машина* – a purchased car
>
> Some verbs, however, add endings **-ый/-ая/-ое/-ые**
>
>   *убить* (to kill) *– убитый*   *выпить* (to drink) *– выпитый*
>
> Verbs ending in **-ать**, add **-анный/-ая/-ое/-ые** to the infinitive stem.
>
>   *сделать – сделанный* (done)   *сказать – сказанный* (said)

Глава 2. Международные отношения РФ

подписывать/подписать (v) – to sign

    подпись (f) – a signature

успешный (abj) – successful

    успех (n) – success

покупать/купить (v) – to buy

    покупка (n) – a purchase

> 📝 **Note**
> The perfective form of **покупать** is **купить**

стоить (imp) – to cost

    стоимость (n) – price

сторона (n) – side, party

договариваться/договориться (v) – to agree on something

    договор (n) – treaty, agreement

область (n) – sphere, region

> 📝 **Note**
> **Около** takes the Genitive Case.
>   e.g. *Около четырёх миллиардов долларов.*
> Around 4 billion dollars.

партнёрство (n) – partnership

    партнёр (n) – partner

инновация (n) – innovation

обсуждать/обсудить (v) – to discuss

    обсуждаться (reflexive) – to be discussed

    обсуждение (n) – discussion

усыновление (n) – adoption

> 📝 **Struggle/fight-related words**
> Keep in mind the irregular conjugation:
>
> **бороться**   to struggle, to fight
>
> я   *борюсь*
> ты   *борешься*
> он/она   *борется*
> мы   *боремся*
> вы   *боретесь*
> они   *борются*
>
> **борьба** + **с** + Instrumental: a fight with
>
>   *борьба с терроризмом*
>   a fight with terrorism
>
> **борьба** + **против** + Genitive: a fight against
>
>   *борьба против терроризма*
>   a fight against terrorism

> ❓ **Did you know?**
> To adopt a son, use the verb **Усыновить**.
> To adopt a daughter, use the verb **Удочерить**.
>   e.g. *Они усыновили Ивана и удочерили Нину.*

бороться (v) – to struggle, to fight

    борьба (n) – a struggle, fight

оставаться/остаться (v) – to remain

при этом (expr) – at the same time

ряд (n) – a number of

решать/решить (v) – to resolve, to decide

    решение (n) – solution, decision

отмечать/отметить (v) – to note

откровенный (adj) – sincere, candid

в свою очередь (f) – in his/her/ their turn (expr)

поддерживать/поддержать (v) – to support

    поддержка (n) – support

усилие (n) – effort

    сила (n) – strength, force

    сильный (adj) – strong

восстанавливать/восстановить (v) – to rebuild, restore

    восстановление (n) – rebuilding, reconstruction, restoration

начало (n) – beginning, start

    в начале + Genitive – in the beginning

    сначала (adv) – at first

общение (n) – communication, contacts

предполагать/предположить (v) – to assume

будущее (n) – future

    в будущем (f) – in the future

совместный (adj) – joint

Reminder

To say that the action was or will be performed by someone or something else, put the doer of the action into the Instrumental Case. The proposition "by" does not exist in Russian.

e.g. *О покупке Россией* – About Russia's purchase.

e.g. *Соглашение было подписано президентом* – the agreement was signed by the president.

Вопросы к теме

1. О чём заявили Барак Обама и Дмитрий Медведев по итогам переговоров в Вашингтоне?

2. Какое соглашение подписали президенты РФ и США?

3. Какие вопросы обсудили президенты РФ и США?

Глава 2. Международные отношения РФ

Часть 2. Сотрудничество[1] между РФ и США

Барак Обама и Владимир Путин

Россия последовательно[2] выступает за[3] взаимодействие[4] с США на основе принципов равноправия[5], взаимного[6] учёта[7] интересов и невмешательства[8] во внутренние дела[9] друг друга. Отношения с США остаются важнейшим[10] фактором международной безопасности[11] и стабильности[12]. Ключевые[13] элементы сотрудничества России и США на современном этапе зафиксированы[14] в Московской декларации о новых стратегических[15] отношениях 2002 г., Декларации о стратегических рамках[16] российско-американских отношений 2008 г., а также в Совместном[17] заявлении[18], принятом[19] президентами В.В. Путиным и Б. Обамой в ходе[20] их встречи в Лос-Кабосе в июне 2012 г.

На повестке дня[21] российско-американских отношений – укрепление[22] стратегической стабильности, содействие[23] урегулированию[24] региональных[25] конфликтов, борьба с международным терроризмом и наркотрафиком, противодействие[26] новым глобальным вызовам[27] и угрозам[28], наращивание[29] торгово-инвестиционных связей[30], расширение[31] двусторонних[32] культурно-гуманитарных обменов[33] и контактов между народами[34] обеих[35] стран.

1. cooperation
2. consistently
3. stands for
4. interaction
5. equality
6. mutual
7. consideration
8. non-interference
9. internal affairs
10. the most important
11. security
12. stability
13. key/fundamental
14. are outlined
15. strategic
16. framework
17. joint
18. statement/declaration
19. adopted
20. во время/during
21. on the agenda
22. strengthening
23. supporting/contributing
24. resolution/settlement
25. regional
26. counteracting
27. challenges
28. threats   29. buildup
30. trade and investment ties
31. expanding, widening
32. bilateral
33. cultural and humanitarian exchange
34. people   35. both (f)

Глава 2. Международные отношения РФ

Лексика и грамматика

сотрудничество (n) – cooperation

    сотрудник (n) – employee

последовательно (adv) – consistently

выступать/выступить + **за** + Accusative – to stand for

    e.g. *Он выступал за демократию.* He stood up for democracy.

содействие + Dative (n) – assistance/contribution

    действовать (v) – to act

    действие (n) – action

    содействовать + Dative (v, impr) – to contribute, support

    противодействовать + Dative (v, impr) – to counteract

    противодействие + Dative (n) – counter attacking

на основе (expr) – on the basis of

    основа (n) – foundation

равноправие (n) – equality

    равноправный (adj) – equal, having the same rights

взаимный (adj) – mutual, reciprocal

✏ Superlative adjectives

Важнейший – the most important, is the superlative form of **важный**. Many adjectives become a superlative by adding the endings **ейший/шая/шее/шие** to the stem of the adjective.

    e.g. *интересный рассказ* – an interesting story
    интереснейший рассказ – the most interesting story

A more common and easier way to form a superlative adjective is to use **самый/-ая/-ое/-ые** before the adjective of a matching gender and number.

    e.g. *самая важная проблема* – the most important problem

---

Reminder

When used with **в** or **на**, the verb **выступать** may mean to give a talk or to perform.

e.g. *Он выступил на митинге.*
He gave a speech at the rally.

e.g. *Он выступал в Большом театре.*
He performed at the Bolshoi Theater.

Глава 2. Международные отношения РФ

учёт (n) – consideration

    учитывать/учесть (v) – to take into consideration

вмешиваться/вмешаться + **в** + Accusative (v) – to interfere

    невмешательство (n) – non-interference

внутренний (adj) – internal

    внутренние дела (expr) – internal affairs

важный (adj) – important

безопасность (n) – security and safety

    безопасный (adj) – secure, safe

    опасность (n) – danger

    опасный (adj) – dangerous

стабильность (n) – stability

    стабильный (adj) – stable

ключевой (adj) – key

стратегия (n) – strategy

    стратегический (adj) – strategic

совместный (adj) – joint

заявление (n) – statement/declaration

принимать/принять (v) – to adopt, to accept, to receive (a person)

в ходе + Genitive – during, in the course of (expr)

повестка дня (expr) – agenda

укреплять/укрепить (v) – to strengthen

    укрепление (n) – strengthening

    крепкий (adj) – strong

урегулировать (v, impr) – to resolve, to settle

    урегулирование (n) – resolution, settlement

Глава 2. Международные отношения РФ

региональный (adj) – regional

вызов (n) – challenge

угрожать (v) – to threaten

    угроза (n) – a threat

наращивание (n) – building up, growing

торговать (v) + Instrumental – to trade

    торговля (n) – trade

    торговый (adj) – commercial

    e.g. *Россия торгует нефтью и газом.* – Russia trades oil and gas

инвестировать (v, impr) **в** + Accusative – to invest in (something)

    инвестиция (n) – investment

связь (n,f) – connection, link

расширять/расширить (v) – to expand

    расширение (n) – expansion, widening

широкий (adj) – wide

двусторонний (adj) – bilateral

> **Note**
> Keep in mind the difference between...
> e.g. *Российский народ много читает.*
> The Russian people read a lot.
> and
> e.g. *Народы России говорят на разных языках.*
> The peoples of Russia speak different languages.

обменивать/обменять (v) + (acc) – to exchange something for something

    e.g. *Он обменял рубли на доллары.* – He exchanged rubles for dollars.

    обмениваться/обменяться (v) + (inst) – to exchange with

    e.g. *Они обменялись подарками.* – They exchanged with presents.

    обмен (n) – exchange

народ (n) – people

Reminder

Memorize words ending in **-сторонний**:

    односторонний – unilateral
    двусторонний – bilateral

трёх-/четырёхсторонний – 3,4 sided
пяти-, шести-, семисторонний – 5,6,7 sided
многосторонний – multilateral

Глава 2. Международные отношения РФ

Вопросы к теме

1. Каковы ключевые элементы сотрудничества РФ и США?

2. За что последовательно выступает РФ в отношениях с США?

3. Где зафиксированы ключевые отношения РФ и США?

Глава 2. Международные отношения РФ

Express It in Russian

1. After the negotiations in Washington, the Presidents of Russia and the USA signed an agreement.

2. President Obama and Vladimir Putin discussed the situation in Afghanistan and the fight against international terrorism.

3. Many unresolved problems remain in the relations between the US and Russia.

4. Both countries agreed not to interfere in each others internal affairs.

5. Russia and the US are strengthening international security and expanding bilateral contacts and exchanges between the people of both countries.

Глава 2. Международные отношения РФ

Дополнительная информация. Первый звонок

Владимир Путин и Дональд Трамп

О чём договорились[1] Путин и Трамп?

Владимир Путин провёл 45-минутный разговор по телефону с Дональдом Трампом – после того, как президент США вступил в должность[2]. По мнению экспертов, беседа была успешной[3].

Дональд Трамп попросил передать[4] пожелания[5] счастья и процветания[6] российскому народу, отметив, что народ США с симпатией[7] относится[8] к России и её гражданам. Владимир Путин в свою очередь[9] подчеркнул[10], что в России испытывают аналогичные[11] чувства[12] к американцам.

Среди тем, которые обсудили президенты, были ситуация на Ближнем Востоке, нераспространение[13] ядерного оружия[14], кризис в Украине. В качестве безусловного[15] приоритета[16] названа борьба с международным терроризмом. Президенты высказались за налаживание[17] реальной координации российских и американских действий[18] с целью[19] разгрома[20] ИГИЛ[21] и других террористических группировок в Сирии, важность[22] восстановления[23] взаимовыгодных[24] связей. Стороны договорились поддерживать[25] регулярные личные[26] контакты.

Гендиректор Центра политической информации сказал: «Я бы не ждал от первых переговоров стратегических соглашений[27], это будет скорее знакомство. Между первым рукопожатием[28] и первыми решениями[29] должно пройти время».

1. agreed upon
2. to take office
3. successful
4. convey
5. wishes
6. prosperity
7. positively
8. feels about
9. in his turn
10. emphasized
11. similar
12. feeling
13. non-proliferation
14. nuclear weapons
15. unconditional
16. priority
17. establishing
18. activities
19. for the purpose of
20. defeat
21. ISIS
22. importance
23. restoration
24. mutually beneficial
25. maintain
26. personal
27. agreements
28. handshake
29. decisions

53

Глава 2. Международные отношения РФ

Вопросы для обсуждения

1. Почему эксперты считают, что разговор по телефону между президентами США и РФ был успешным?

_____

_____

_____

2. Какие темы обсудили президенты? Какие из них названы приоритетными?

_____

_____

_____

3. О чём договорились президенты?

_____

_____

_____

4. Что сказал гендиректор центра политической информации о первых переговорах между президентами?

_____

_____

_____

Глава 2. Международные отношения РФ

ТЕМА 2. РОССИЯ И КИТАЙ

Владимир Путин и Си Цзиньпин

Часть 1. В отношениях России и Китая начинается новый этап[1]

Центральным событием[2] визита президента России Владимира Путина в Китай стало заключение[3] газового соглашения[4]. На встрече в Шанхае Путин и Цзиньпин дали старт новому этапу стратегического партнерства двух стран.

Главным[5] экономическим итогом переговоров стало то, что Газпром и CNPC* подписали договор купли-продажи[6] природного газа[7] с поставкой[8] по восточному маршруту[9]. Владимир Путин и Си Цзиньпин воспользовались[10] случаем[11], чтобы заявить и о перспективах[12] торгово-экономического сотрудничества (100 миллиардов долларов торгового оборота[13] к 2015 году), и о желании[14] совместно участвовать[15] в поддержании[16] глобальной и региональной безопасности.

3 млрд будут потрачены[17] на закупку[18] российских зенитных ракетных комплексов С–400[19].

1. stage, period, phase
2. event
3. making/concluding
4. agreement on gas
5. main/principal
* China National Oil Corporation
6. purchase, sale agreement
7. natural gas
8. delivery
9. along the eastern route
10. took advantage of
11. occasion
12. prospects
13. trade turnover
14. willingness
15. participate
16. sustaining
17. will be spent
18. purchase
19. SA-21 Growler (surface-to-air missile system)

Глава 2. Международные отношения РФ

По качеству[20] многих вооружений[21] Китай уже догнал[22] Россию, по количеству[23] порой[24] перегнал[25], а по демографическим показателям[26] давно оставил далеко позади[27].

Одним из самых важных эпизодов визита Владимира Путина в Китай стала его встреча с бывшим[28] председателем[29] КНР[30] (Китайская Народная Республика) Цзян Цзэминем (оставил пост главы государства[31] в марте 2003 года). Встреча началась с дружеского[32] обмена репликами[33].

Цзян Цзэминь хорошо помнит свою стажировку[34] на Московском автозаводе[35] имени Сталина[36] в середине[37] 50-х годов. Именно[38] он и Владимир Путин в 2001 году подписали Договор о добрососедстве[39], дружбе[40] и сотрудничестве (так называемый[41] «Большой договор»).

20. in terms of the quality
21. weapons
22. has caught up with
23. in terms of the quantity (number)
24. sometimes
25. has overtaken
26. in terms of demographic indicators
27. has left behind
28. former
29. chairman
30. People's Republic of China
31. the head of state
32. friendly
33. remarks, phrases
34. internship
35. car manufacturing factory
36. named after Stalin
37. in the middle of
38. it is namely (precisely)
39. good neighborliness
40. friendship
41. the so-called

В. Путин и Цзян Цзэминь
ЦЗЯН ЦЗЭМИНЬ (по-русски): Как дела?
В. ПУТИН: Спасибо, всё отлично!

Глава 2. Международные отношения РФ

Российский президент подчеркивает[42] важность[43] личных[44] отношений между лидерами[45] двух стран. А также особое[46] значение[47] преемственности[48] политики для развития[49] двусторонних отношений России и Китая.

25 лет назад[50] во время визита Михаила Горбачева в Китай знаменитой[51] фразой Дэн Сяопина «закрыть прошлое[52] – открыть будущее» началась нормализация[53] советско-китайских отношений. По совпадению[54], визит президента СССР завершился[55] в Шанхае, а главой местной[56] партийной организации тогда[57] был Цзян Цзэминь.

42. underscores
43. importance
44. personal
45. leaders
46. special
47. meaning
48. continuity
49. development
50. ago
51. famous
52. the past
53. normalization
54. by coincidence
55. was finished
56. local
57. at the time

Китайские туристы в Санкт-Петербурге

Глава 2. Международные отношения РФ
Лексика и грамматика

Китай (n) – China

этап (n) – phase, period

событие (n) – an event

Шанхай (n) – Shanghai

заключать/заключить (v) – to conclude, to make (an agreement)

    заключение (n) – concluding, conclusions

соглашение (n) – agreement

газ (n) – gas

    природный газ – natural gas

    газовый (adj) – gas related

двух – genitive form of два/две

поставлять/поставить (v) – to supply

    поставка (n) – supply

маршрут (n) – route

воспользоваться + instr. – to take advantage (of something), to benefit (from something)

    польза (n) – usefulness

    полезный (adj) – useful

The declension of «два/две»

Nom.	*два/две*
Instr.	*двумя*
Acc.	*двух* (f and m animate)
Dat.	*двум*
Gen.	*двух*
Prep.	*двух*

The "Beginning" and "Ending" Verbs

Начинать/начать – to begin, to start

Заканчивать/закончить – to finish, to end

Use these non-reflexive forms to describe the actions performed by people.

    e.g. *Президент начал визит в Москве.* – The president began his visit in Moscow.
    Профессор закончил лекцию. – The professor finished his lecture.

Use the reflexive forms ending in **-ся** to describe the actions performed by inanimate objects.

    e.g. *Визит начался в Москве.* – The visit began in Moscow.
    Лекция закончилась. – The lecture was over.

случай (n) – occasion

в случае + gen – in the case of/if

e.g. *В случае пожара, звоните 01.* – In case of fire, dial 01.

по случаю + gen – on the occasion of

e.g. *По случаю визита президента РФ был устроен приём.* – On the occasion of the visit of the President of the Russian Federation, a reception was hosted.

случайный (adj) – accidental

несчастный случай (expr) – accident

перспектива (n) – prospect, future

торговый оборот (expr) – trade turnover

желание (n) intent, wish

желать/пожелать (v) + gen – to wish

e.g. *Желать здоровья и счастья* – To wish good health and happiness

участвовать (impr) – to participate

часть (n) – part

частный (adj) – private

поддержка (n) – support

поддерживать/поддержать (v) – to support, to sustain

поддержание (n) – sustaining, maintenance

тратить/потратить (v) – to spend

закупка (n) – a large purchase

покупка (n) – an individual purchase

качество (n) – quality

Reminder

To say was/were spent, say **был/была/были потрачен/-а/-ы.**

e.g. *Деньги были потрачены.* The money was spent.

To say will be spent, say **будет/будут потрачен/-а/-ы.**

e.g. *Деньги будут потрачены.* The money will be spent.

вооружение (n) – armament/weapons

    оружие (n) – a weapon

догонять/догнать (v) – to catch up

количество (n) – quantity

перегонять/перегнать (v) – to surpass/to overtake

порой (adv, syn = иногда) – sometimes, occasionally

демографический (adj) – demographic

показатель (n, m) – index, indicator

позади (adv) – behind

бывший (adj) – former

председатель (n) – Chairman

глава государства (expr) – The Head of State

дружба (n) – friendship

    дружеский (adj) – friendly

реплика (n) – remark/phrase

стажировка (n) – internship

    стажёр (n) – intern, trainee

автозавод (n) – car factory

имени + gen – named after

    e.g. *имени Пушкина* – named after Pushkin

    именно (adv) – exactly, precisely

середина (n) – middle

добрососедство (n) – "good-neighborliness"

так называемый (adj) – the so-called

подчёркивать/подчеркнуть (v) – to underscore

важность (n) – importance

личный (adj) – personal

особый (adj) – special

преемственность (n) – continuity

развивать/развить (v) – to develop

    развитие (n) – development

знаменитый (adj) – famous

прошлое (n) – past

нормализация (n) – normalization

совпадение (n) – coincidence

    по совпадению (expr) – by coincidence

завершать/завершить (v) – to end

местный (adj) – local

партия (n) – a political party

    партийный (adj) – party related

Глава 2. Международные отношения РФ

Вопросы к теме

1. Какое центральное событие визита президента России в Китай? Почему?

2. Какие итоги переговоров в Шанхае?

3. Какие перспективы сотрудничества между РФ и Китаем?

4. В чём важность встречи президента РФ и бывшего председателя КНР?

Глава 2. Международные отношения РФ

Часть 2. Когда китайцы[1] заселят[2] Россию?

Русские туристы в Пекине

Только официально более миллиона китайцев ежегодно[3] посещают[4] Россию в качестве[5] туристов. Сколько их живёт и работает в Москве и на Дальнем Востоке, точно[6] неизвестно[7]. Но даже первые лица страны[8] говорят о том, что если не принять меры[9], то через десять лет Дальний Восток будет разговаривать в основном на китайском языке. Запустение[10] российских восточных регионов и перенаселение[11] Китая – вполне актуальные[12] причины[13] для перераспределения[14] активных, работоспособных[15] людей.

Запредельные[16] экологические нагрузки[17] на природу в Китае не позволяют[18] им снизить[19] безработицу[20], которая растёт[21] по мере снижения темпов роста экономики[22]. Куда деваться[23] от надвигающихся[24] проблем? От Индии Китай отделён[25] горами, от Японии – морем, страны Индокитая сами перенаселены и обделены ресурсами[26]. Остаётся переселение[27] в богатые ресурсами и безлюдные[28] Россию и Казахстан.

1. the Chinese (people)
2. will populate
3. annually
4. visit
5. as/in the capacity of
6. exactly
7. unknown
8. top state leaders
9. to take measures
10. neglect
11. overpopulation
12. quite vital/urgent
13. reasons/causes
14. redistribution
15. capable to work
16. extreme, excessive
17. ecological pressure
18. do not allow
19. decrease, lower
20. unemployment
21. grows
22. as the pace of economic activity declines
23. to escape from
24. approaching
25. is separated by
26. deprived of resources
27. resettlement
28. unpopulated

Глава 2. Международные отношения РФ

Лексика и грамматика

Карта Китая

Китай – China

китайский (adj) – Chinese

китаец (n) – a Chinese male

китаянка (n) – a Chinese female

✏ Temporal Expressions with «еже-»

ежегодно (adv) – annually

еженедельно (adv) – weekly

ежедневно (adv) – daily

ежечасно (adv) – hourly

ежеминутно (adv) – every minute

Глава 2. Международные отношения РФ

заселять/заселить (v) – to populate

перенаселение (n) – overpopulation

    перенаселять (v) – to overpopulate

принимать/принять (v) меры – to take measures

в качестве + gen (expr) – as, in the capacity of

запускать/запустить (v) – to neglect

    запустение (n) – neglect, abandonment

актуальный (adj) – vital

причина (n) – reason cause

(пере)распределять/(пере)распределить (v) – to (re)distribute

    (пере)распределение (n) – (re)distribution

работоспособный (adj) – able to work

запредельный (adj) – beyond the limit

    предел (n) – limit

экология (n) – ecology

    экологический (adj) – ecological

нагрузка (n) – load

    нагружать/нагрузить (v) – to load

    загружать/загрузить (v) – to upload

    перезагружать/перезагрузить (v) – to reboot/restart

позволять/позволить (v) – to allow

снижать/снизить (v) – to lower, to decrease

    снижение (n) – a decrease

безработица (n) – unemployment

    безработный (adj) – unemployment

✏️ **Visiting places and people**

посещать/посетить (v) – to visit (a place or an event)

посещение (n) + gen – a visit (to a place)

    e.g. *посещение Кремля*

визит (v) +в/на +acc – a visit (formal)

    e.g. *визит в Москву*

посетитель (n) – a visitor

навещать/ авестить (v) – to visit a person

    e.g. *Он посетил Москву*
    vs. *Он навестил сестру*

Глава 2. Международные отношения РФ

расти/вырасти (v) – to grow

    рост (n) – growth, an increase

по мере + gen (expr) – as, according to

темп (n) – rate, pace

экономить/сэкономить (v) – to save

экономика (n) – economics

    экономический (adj) – economic, related to the economy

    экономичный (adj) – thrifty, economical

деваться/деться (v) + **от** + gen. – to escape from

надвигаться (v) – to impend, to loom

    надвигающийся (adj) – impending, approaching

отделять/отделить (v) – to separate

обделять/обделить (v) – + instr. to be deprived, to not have enough

    e.g. *Страна обделена ресурсами.* – The country is low on resources.

Япония (n) – Japan

Индокитай (n) – Indochina

ресурс (n) – a resource

переселять/переслить (v) – to resettle

    переселение (n) – resettlement

безлюдный (adj) – unpopulated

> ✏️ **The "Growing" Verbs & Related Words**
>
> The intransitive forms of "to grow", in the sense of to grow up and to increase, are **расти/вырасти**.
>
> | | |
> |---|---|
> | Я | *расту* |
> | Ты | *растёшь* |
> | Он/она | *растёт* |
> | Мы | *растём* |
> | Вы | *растёте* |
> | Они | *растут* |
>
> Past Tense: **рос/-ла/-ли; вырос/-ла/-ли**
>
> *Иван рос в Москве.*
> Ivan was growing up in Moscow.
> e.g. *Нина выросла в России.*
> Nina grew up in Russia.

Reminder

To say rich in something, use **богатый** + instrumental.

e.g. *Страны, богатые ресурсами.*
Countries rich in resources.

Глава 2. Международные отношения РФ
Дополнительная информация. Россия и Китай в цифрах[1]

Туристы в Китае

В 2050 г., по прогнозам демографов[2], китайцы станут второй по численности национальной группой в России после русских.

По данным переписи[3] населения России 2013 г., 30 000 человек признали себя[4] этническими китайцами.

До $12 млрд в год готов инвестировать Китай в российскую экономику.

По данным статистики по Забайкальскому краю, за 8 месяцев 2013 г. из въехавших[5] в регион мигрантов 59% составили граждане Узбекистана, Киргизии, Таджикистана, 38% – граждане Китая.

Ежегодно в Россию въезжает около 2 млн граждан КНР (из них официально – более 1 млн).

Протяжённость[6] российско-китайской границы[7] – 4 210 км.

1. in numbers
2. according to the demographic predictions
3. according to the census data
4. identified themselves
5. of those who entered
6. the length
7. the border

Вопросы к теме

1. Сколько китайцев посещает Россию ежегодно в качестве туристов?

2. Что говорят в России о миграции китайцев на Дальний Восток?

3. Каковы актуальные причины для переселения работоспособных китайцев в Россию и Казахстан?

Express It in Russian

1. At the Shanghai meeting the President of Russia and the Chairman of the Republic of China concluded an agreement on the purchase and the sale of natural gas.

2. The leaders of Russia and China began a new stage of their strategic partnership.

3. Russia and China declared their intentions to sustain global and regional security.

4. The Treaty on Friendship and Cooperation was signed in 2001.

5. Annually over a million Chinese citizens visit Russia as tourists.

6. Overpopulation and unemployment are major causes for resettling Chinese workers in underpopulated, but resource-rich, areas in Russia and Kazakhstan.

Глава 2. Международные отношения РФ

Дополнительная информация.
Китай – не союзник[1], но партнёр

Вертолёт Миль Ми-26

Поставки[2] нефти и газа, разработка[3] широкофюзеляжного[4] самолёта и транспортного вертолёта[5], постройка скоростной[6] железной дороги Москва – Казань[7], верфей[8] в России и многое другое: на «российско-китайском столе» около 60 проектов ценой около 50 млрд долларов. Часть уже реализуется.

В совместном заявлении[9] В. Путин и Си записали, что у отношений нет союзнического характера, но традиционную дружбу между вооружёнными силами[10] России и Китая будут укреплять[11] и решительно поддерживать[12] друг друга по ключевым вопросам, как обеспечение суверенитета[13], территориальной целостности[14] и безопасности[15].

1. ally
2. supplies (pl)
3. design
4. wide fuselage
5. helicopter
6. high speed
7. Kazan, the Capital of Tatarstan
8. shipyard
9. in the joint statement
10. armed forces
11. strengthen
12. support (v)
13. sovereignty
14. territorial integrity
15. security

Широкофюзеляжный самолет CR-929 (макет)

Глава 2. Международные отношения РФ

Вопросы для обсуждения

1. Какие проекты запланированы между КНР и РФ?

2. Что записали в совместном заявлении президент РФ и Си?

3. Как вы думаете, почему в отношениях РФ и КНР нет союзнического характера?

4. Каковы актуальные причины для переселения работоспособных китайцев в Россию и Казахстан?

Китайский скоростной поезд

Глава 2. Международные отношения РФ

ТЕМА 3. РОССИЯ И БЛИЖНИЙ ВОСТОК

Президент Египта

Часть 1. Визит президента РФ в Египет

Визит организован[1] по личной просьбе[2] президента Египта, чтобы обсудить различные вопросы двустороннего сотрудничества и самые горячие международные темы. Россия в 2015 г. поставила в Египет на 1,5 млрд долл. энергоресурсов[3].

Российские компании (как «Лукойл») проявляют[4] интерес к добыче[5] местных углеводородов[6] или уже работают в этой сфере. Обсуждается возможность[7] строительства[8] в Египте АЭС[9], развитие военно-технического сотрудничества[10] (сообщалось[11] о возможных контрактах на 3,5 млрд. долл.), и присоединение[12] Египта к зоне свободной торговли[13] с Евразийским союзом[14]. Важная тема переговоров – ситуация на Ближнем Востоке, в Северной Африке и террористическая угроза со стороны «Исламского государства[15]».

За последнее время[16] значительно[17] вырос[18] объём[19] двусторонней торговли – в 2015 г. он составил более четырёх млрд долл. Египет – крупнейший покупатель[20] российской пшеницы[21], Россия обеспечивает[22] около 40% потребляемого[23] в стране зерна[24], в свою очередь, импортирует[25] фрукты и овощи.

Египетские курорты[26] посетило[27] более 3 млн. российских туристов.

1. is organized
2. at personal request
3. energy resource
4. show, express
5. extraction
6. hydrocarbons
7. opportunity, possibility
8. construction
9. атомная электростанция nuclear power plant
10. military technical cooperation
11. it was announced
12. joining
13. free trade zone
14. Eurasian Union
15. Islamic State (ISIS/ISIL)
16. recently (literal: in recent times)
17. significantly, substantially
18. increased
19. volume
20. buyer
21. wheat
22. supplies
23. being consumed
24. grain
25. imports (v)
26. resort
27. visited

Глава 2. Международные отношения РФ

Лексика и грамматика

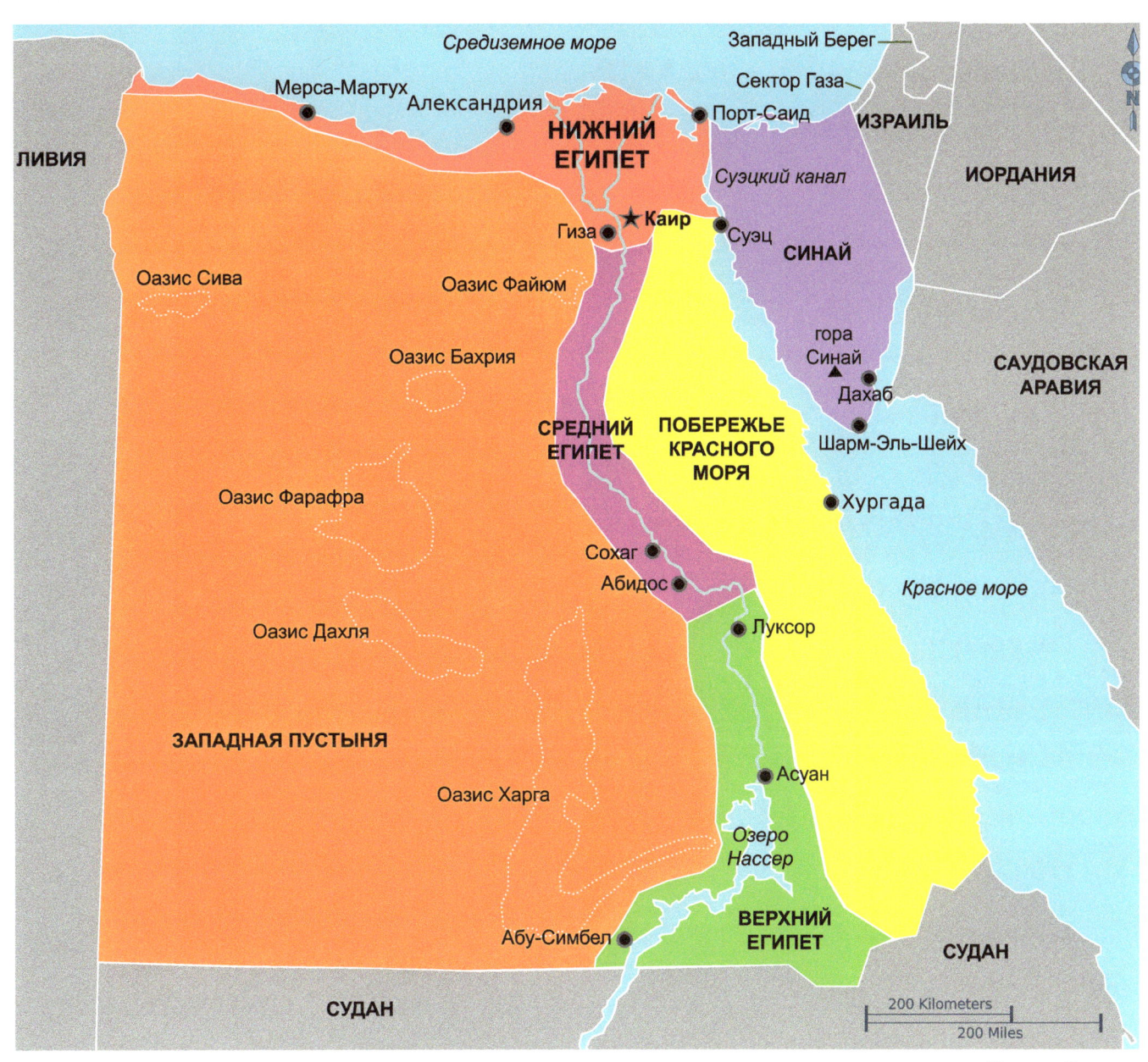

Карта Египта

Египет – Egypt

   египетский (adj) – Egyptian

   египтянин (n) – Egyptian male

   египтянка (n) – Egyptian female

Ближний Восток – Middle East

организовывать/организовать (v) – to organize

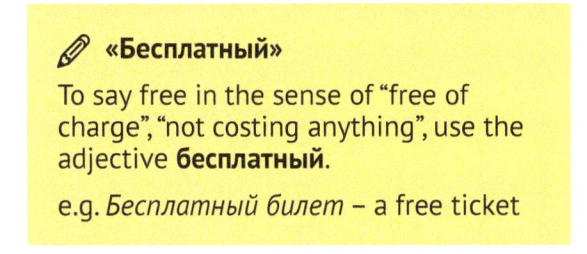

> ✎ «Бесплатный»
>
> To say free in the sense of "free of charge", "not costing anything", use the adjective **бесплатный**.
>
> e.g. *Бесплатный билет* – a free ticket

личный (adj) – personal

спрашивать/спросить (v) – to ask for information

    просить/попросить (v) – to ask a favor

    просьба (v) – a request

энергия (n) – energy

    энергетический (adj) – energy related

    энергоресурсы (pl. n) – energy resources

проявлять/проявить (v) – to display

добывать/добыть (v) – to mine, quarry

    добыча (n) – mine

углеводород (n) – carbohydrate

    уголь (n. m) – coal

    водород (n) – hydrogen

возможность (n) – possibility, opportunity

    возможный (adj) – possible, probable

строительство (n) – construction

    стройка (n) – construction site

    строить/построить (v) – to build

война (n) – war

  военный (adj) – military

сообщать/сообщить (v) – to inform, to communicate

соединять/соединить (v) – to connect (technical)

    присоединение (n) – joining

объединять/объенить (v) – to unite (political)

    Объединённые нации – United Nations

свобо́да (n) – freedom

    свобо́дный (adj) – free, vacant

    e.g. *свобо́дная страна́* – a free country

    свобо́дное ме́сто – a vacant seat

«Исла́мское госуда́рство» (ИГ) – Islamic State

значи́тельно (adv) – considerably

    значи́тельный (adj) – considerable

расти́/вы́расти (v) – to grow

пшени́ца (n) – wheat

обеспе́чивать/обеспе́чить (v) – to supply

потребля́ть/потреби́ть (v) – to consume

    потреби́тель (n) – consumer

зерно́ (n) – grain

импорти́ровать (v, impf) – to import

куро́рт (n) – resort

посеща́ть/посети́ть (v) – to visit

> ✏️ **Note**
>
> The transitive forms describing growing something, mainly in the context of agriculture, are **выра́щивать/вы́расти**.
>
> e.g. *Фе́рмы выра́щивают фру́кты на ю́ге Росси́и.*
> The farmers grow fruit in the south of Russia.

> ✏️ **Note**
>
> Verbs ending in **–овать/авать**, lose **-ов/-ав** in the present tense:
>
> e.g. *Страна́ импорти́рует нефть.*
> The country imports oil.
>
> e.g. *Росси́я экспорти́рует газ.*
> Russia exports gas.

> ✏️ **Declensions of numerals «три» and «четыре»**
>
> | | | |
> |---|---|---|
> | Nom. | *три* | *четы́ре* |
> | Acc. | *три* | *четы́ре* |
> | Gen. | *трёх* | *четырёх* |
> | Prep. | *трёх* | *четырёх* |
> | Dat. | *трём* | *четырём* |
> | Instr. | *тремя́* | *четырьмя́* |

Глава 2. Международные отношения РФ

Вопросы к теме

1. Для чего был организован визит президента РФ в Египет?

2. Какие вопросы обсуждались во время визита?

3. Какие вопросы обсуждались во время переговоров?

4. Что Россия поставляет в Египет?

5. Что Египет импортирует в Россию?

Глава 2. Международные отношения РФ

Часть 2. Россия и Иран

Президент РФ и президент Ирана

В Москве прошли переговоры глав МИД[1] России и Ирана. Москва и Тегеран имеют[2] все возможности для углубления[3] двусторонних отношений после заключения всеобъемлющего[4] соглашения по иранской ядерной[5] программе, заявил министр иностранных дел России.

Российский министр отметил[6] планы сотрудничества Москвы и Тегерана в военно-технической сфере в контексте угроз в Каспийском регионе[7]. Также, по словам Сергея Лаврова, в Москве заинтересованы[8] в совместных с Ираном усилиях по урегулированию[9] ситуаций на Ближнем Востоке и в Северной Африке.

На переговорах речь шла[10] также о перспективах торгово-экономического сотрудничества России и Ирана, о контракте на сооружение[11] российской стороной восьми новых энергоблоков[12] для иранских АЭС. Москва и Тегеран будут сотрудничать[13] по иранскому ядерному объекту[14] Фордо, на котором планируется[15] производство изотопов[16] для медицинских целей[17].

1. Министерство иностранных дел – Ministry of Foreign Affairs
2. are having (formal usage)
3. deepening
4. comprehensive
5. nuclear
6. noted
7. Caspian Sea area
8. are interested
9. settlement
10. was discussed (idiom)
11. construction
12. energy units
13. will be cooperating
14. nuclear site
15. is planned
16. isotope production (manufacturing)
17. for medical purposes

77

Глава 2. Международные отношения РФ

Лексика и грамматика

Карта Ирана

Иран (n) – Iran

иранский (adj) – Iranian

иранец (n) – Iranian male

иранка (n) – Iranian female

глава (n) – head of State/organization, chapter of a book
(Not to be confused with **голова** – human head)

Тегеран (n) – Tehran

иметь (impr, v) – to have (formal usage)

> ✏️ **Expressions with the verb «иметь»**
> In modern Russia the verb **иметь** is used mostly in set expressions such as:
> **иметь возможность** – to have an opportunity
> **иметь право** – to have the right
> **иметь смысл** – to make sense

всеобъемлющий (adj) – comprehensive

ядерный (adj) – nuclear

воевать (v, impr) – to fight, to be at war (я воюю, они воюют)

Каспийский (adj) – Caspian

    Каспийское море (n) – Caspian Sea

интересовать/заинтересовать (v) – to be of interest, to spark an interest

речь идёт – an idiom that has no exact English translation. The meaning is about, deals with. The noun **речь** (f) means a speech.

сооружение (n) – construction

    сооружать/соорудить (v) – to construct, to build

объект (n) – site

планировать/запланировать (v) – to plan, to be planned

производить/произвести (v) – to produce

производство (n) – production

медицина (n) – medicine

медицинский (adj) – medical

цель (n, f) – goal

Вопросы к теме

1. Какие переговоры прошли в Москве?

2. Какие планы сотрудничества Москвы и Тегерана отметил российский министр иностранных дел?

3. О чём ещё шла речь на переговорах?

Для информации. Визит президента РФ в Иран

Встреча в Тегеране

В Тегеране на встрече президентов России, Ирана и Азербайджана обсуждали масштабные[1] проекты в сферах[2] энергетики и транспорта. Стороны договорились о строительстве[3] железной дороги, которая должна замкнуть[4] транспортный коридор «Север–Юг» – от Санкт-Петербурга до Мумбаи. Новый маршрут[5] протяжённостью[6] 8 тыс. км позволит сократить[7] время и стоимость доставки грузов[8] из Китая и Индии в Европу.

Кроме того, три страны намерены[9] и дальше развивать торговлю, упростив[10] таможенные[11] процедуры. Речь идёт о «зелёном коридоре»[12] и единых таможенных стандартах. РФ подтверждает[13] свою готовность[14] поставлять газ по трубопроводным[15] транспортным системам Азербайджана на север Ирана.

1. large scale
2. spheres, areas
3. construction
4. close up
5. route
6. length, duration
7. shorten, diminish
8. cargo
9. intend
10. simplifying
11. customs
12. Green Zone
13. confirms
14. readiness
15. pipeline

Вопросы к теме

1. Какие проекты обсуждались на встрече в Тегеране?

2. О чём договорились стороны?

3. Что позволит новый маршрут?

4. О чём ещё договорились три страны?

5. Что подтвердила РФ?

Глава 2. Международные отношения РФ

Часть 3. Россия и Сирия

Владимир Путин и президент Сирии Башар аль-Асад

Первый визит Башара Асада в Москву и его рабочая встреча с Владимиром Путиным ещё раз подчеркнули[1] не только особенный[2] характер российско-сирийских отношений, но и радикальное изменение[3] в положении дел[4] на Ближнем Востоке. Интерес России к Сирии зародился[5] ещё в начале XIX века. Сирия находилась тогда под османским игом[6]. А Россия выступала впервые в роли защитника[7] прав[8] порабощённых[9] восточных христиан. В Сирии сейчас проживает много православных христиан[10]. В 1920 году, после краха[11] Османской империи, Сирия попала[12] под французское колониальное правление[13], которое продлилось[14] до 1946 года.

За два месяца до официального провозглашения[15] своей независимости[16] Сирия подписала секретный договор с СССР[17], вследствие которого[18] она де-факто[19] попадала в сферу влияния[20] СССР. В антиколониальном и националистическом контексте в 1956 году тогдашний[21] премьер-министр Сирии Халед Бей Аль-Азем подписал с СССР первый договор о поставке оружия, вследствие чего сирийские курсанты[22] массово поехали обучаться[23] военному делу[24] в Советский Союз[25].

1. emphasized
2. special
3. radical change
4. state of affairs
5. emerged
6. Osman oppression
7. defender
8. of the rights
9. enslaved
10. Christians
11. collapse
12. fell under
13. colonial rule
14. lasted
15. proclamation
16. independence
17. USSR
18. as a result of which
19. in fact, in reality
20. sphere of influence
21. of the time
22. cadets
23. to be trained
24. in the military sciences
25. the Soviet Union

Глава 2. Международные отношения РФ

Отношения между Сирией и СССР не носили, однако, только военный характер. В последующие годы[26] были подписаны договоры, связанные[27] с модернизацией инфраструктуры страны. Советский Союз построил, например, в те годы важнейшую для Сирии и её экономики плотину[28] на Евфрате[29]. После переворота[30] 1970 года власть берет в руки[31] министр обороны[32] страны Хафез Асад – отец нынешнего[33] президента.

В 1972 году Хафез едет с официальным визитом[34] в Москву и возлагает[35] перед встречей с Брежневым символичный венок[36] к мавзолею Ленина[37]. В этом же году СССР начинает строительство военной базы[38] в порту Тартус, которая до сих пор является единственной[39] российской военной базой в Средиземном море[40].

В 2000 году к власти в России приходит Путин, а в Сирии – сын Хафеза Асада Башар. 2003 году Путин предлагает[41] Асаду упразднить[42] долги[43] Сирии в обмен на новые договоры о поставке оружия. По данным[44] агентства ЕС[45] по безопасности внешних границ[46], с начала года на территорию стран Евросоюза нелегально[47] проникли[48] уже более 630 000 мигрантов[49].

С 30 сентября 2015 года Россия по запросу[50] сирийского президента Башара Асада начала наносить точечные авиаудары[51] по объектам «Исламского государства» в Сирии. В результате российских авиаударов разрушено[52] около 40% инфраструктуры исламистов.

---

26. in the subsequent years
27. linked to, dealing with
28. dam
29. the Euphrates
30. coup d'etat
31. seized the power
32. Secretary of Defense
33. current
34. on an official visit
35. lays, puts (flowers, etc...)
36. wreath
37. Lenin's tomb
38. military base
39. the only one
40. the Mediterranean Sea
41. proposes
42. to cancel
43. debts
44. according to the data of
45. the European Union (EU)
46. border security
47. illegally
48. penetrated
49. migrants
50. by request
51. to deliver targeted airstrikes
52. are destroyed

Глава 2. Международные отношения РФ

Лексика и грамматика

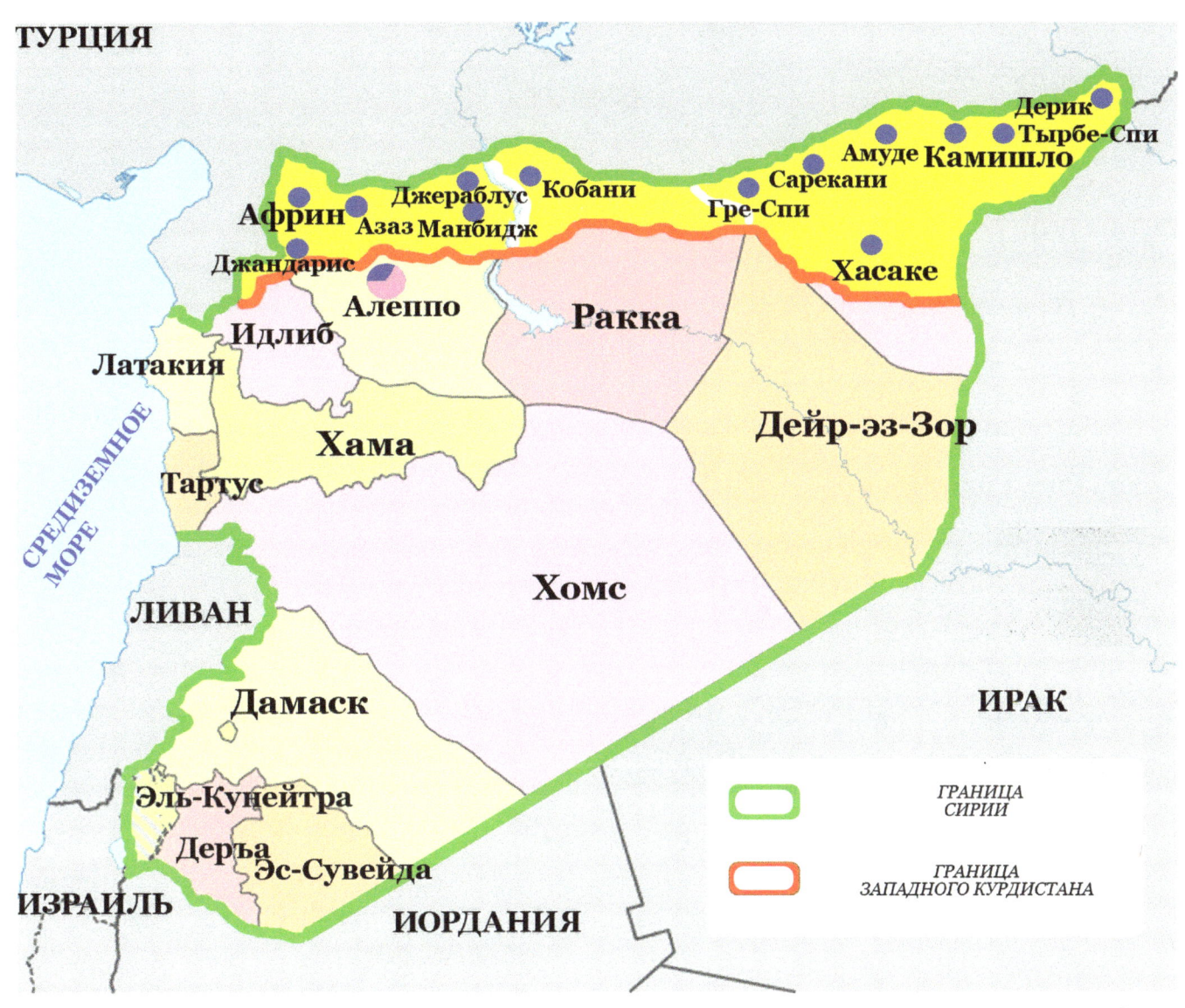

Карта Сирии

Сирия (n) – Syria

   сирийский (adj) – Syrian

   сириец (n) – Syrian Male

   сириянка (n) – Syrian Female

подчёркивать/подчеркнуть (v) – to empathize, to underscore

особенный (adj) – special

радикальный (adj) – fundamental, radical

положение дел (expr) – status, state of affairs

зарождаться/зародиться (v) – to emerge, to appear

Османская империя (n) – Ottoman Empire

> **Османское иго** – Ottoman yoke

впервые (adv) – for the first time

> <u>BUT!</u> **во-первых** – at first

роль (n,f) – a role

> **выступать/выступить в роли** – to play the part of

защищать/защитить (v) – to defend, to protect

> **защитник** (n) – defender, protector
>
> **защита** (n) – defense, protection
>
> **щит** (n) – shield

право (n) – a legal right, law (as an academic subject)

порабощать/поработить (v) – to enslave

> **порабощённый** (past participle) – enslaved
>
> **раб** (n) – a slave
>
> **рабство** (n) – slavery
>
> **рабский** (adj) – related to slavery

христианство (n) – Christianity

> **христианин** (n) – male Christian
>
> **христианка** (n) – female Christian

✏️ **The verbs «попадать/попасть»**

Попадать/попасть – to fall under, to find one's self in

> e.g. *Он попал под влияние террористов.* – He fell under the influence of terrorists.
> *Он попал под машину.* – He was run over by a car.
> *Он попал в трудную ситуацию.* – He found himself in a difficult situation.

Глава 2. Международные отношения РФ

Дополнительная информация. О чём договорились на переговорах по Сирии в Астане?

Астана, столица Казахстана

В столице Казахстана прошла 6-я встреча стран-гарантов[1] режима перемирия[2] в Сирии, на которой Россия, Турция и Иран объявили о создании четырёх зон деэскалации[3]. Наблюдение[4] будут проводить представители Ирана, России и Турции[5].

Стороны переговоров сообщили о создании[6] совместного[7] координационного центра для контроля в этих зонах. При этом, как подчёркивается[8] в заявлении участников встречи, создание зон деэскалации не подрывает[9] суверенитет и территориальную целостность[10] Сирии.

Позже спецпредставитель[11] президента РФ по Сирии подтвердил[12], что завершение[13] создания зон деэскалации открывает путь к полной стабилизации ситуации в Сирии и возвращению[14] республики к мирной жизни.

1. country-guarantors
2. armistice
3. de-escalation
4. observation
5. Turkey
6. creation, setting up
7. joint
8. emphasized
9. undermine
10. territorial integrity
11. special representative
12. confirmed
13. completion
14. returning, coming back

Вопросы для обсуждения

1. Какая встреча прошла в столице Казахстана?

2. Какие страны принимали участие во встрече?

3. О чем сообщили стороны переговоров?

Глава 2. Международные отношения РФ

Вопросы к теме

1. Когда и почему у России зародился интерес к Сирии?

2. Какой договор подписали Россия и Сирия в 1956 году?

3. Какие договоры были подписаны в последующие годы?

4. Что Путин предложил президенту Асаду в 2003 году?

5. Что начала делать Россия по запросу сирийского президента 30 сентября?

Express It in Russian

1. During the visit, questions of bilateral military and technical cooperation were discussed.

2. The situation in the Middle East and the terrorist threats from the Islamic State were important topics of the negotiations.

3. Egypt is the largest consumer of Russian wheat.

4. More than 3 million Russian tourists visited Egyptian resorts.

5. Russia signed a contract with Iran to build a new nuclear power plant.

6. At present, many Orthodox Christians reside in Syria.

7. The Soviet Union built a dam which was essential for the economy and infrastructure of Syria.

8. After the coup d'etat of the 1970, the Minister of Defense seized power.

9. At the request of the President of Syria, Russia began to conduct airstrikes on ISIS targets.

10. The Prime Minister of Syria signed a treaty according to which, Russia would supply weapons to Syria.

Глава 2. Международные отношения РФ

Тема для обсуждения. Почему Россию не любят в остальном мире?[1]

Опрос

Опрос[2], проведённый по заказу[3] Би-би-си в 25 странах, показал, что в мире преобладает[4] негативное отношение[5] к России. Только в 8 странах (таких как Китай, Чили, Гана) её воспринимают[6] со знаком плюс[7].

Россию не любят, потому что её не понимают, а следовательно[8], опасаются[9]. Россия представляет собой очень своеобразное[10] (по историческим, культурным причинам[11]) сочетание[12] разных менталитетов[13]. Люди европейской культуры воспринимают РФ как страну, которая должна быть похожа на другие страны Европы, но при этом[14] ведёт себя[15] совершенно иначе[16]. Противоречие[17] между ожиданиями[18] и реальностью[19] и порождает[20] на Западе непонимание и страх[21]. Тогда как[22] в странах, на которые Россия совсем непохожа и где таких ожиданий не было, её воспринимают такой, какая она есть (как например, Китай).

Размер[23] тоже имеет значение[24]. Сам факт существования[25] на карте мира такой огромной страны порождает боязнь[26]: чего от неё ждать? И уже по этой причине[27] Россия не могла выиграть[28] информационную войну у Грузии[29] в 2008 г.

1. in the rest (remaining) of the world
2. survey
3. commissioned by
4. prevails
5. attitude
6. they perceive it
7. positively (with a plus sign)
8. therefore
9. are afraid, fear
10. peculiar
11. reasons
12. combination/composition
13. mindsets
14. at the same time
15. behaves
16. quite differently
17. contradiction
18. expectations
19. reality
20. generates
21. fear
22. where as
23. size
24. meaning/significance
25. existence
26. fear
27. for the reason
28. to win
29. Georgia

Глава 2. Международные отношения РФ

Никто просто не мог поверить[30], что в конфликте крошечной[31] Грузии и гигантской[32] ядерной России могла быть виновата[33] первая.

Наконец[34], внутреннее замешательство[35]: чего русские хотят добиться[36], кто такие россияне? Чтобы преодолеть[37] недоверие[38], надо разобраться[39] в себе и сделать так, чтобы самим себе нравиться. Вести себя адекватно во внешней политике[40]. Особенно[41] это касается[42] соседних[43] стран.

30. to believe
31. tiny
32. gigantic
33. guilty
34. finally
35. internal confusion
36. achieve
37. overcome
38. distrust
39. figure out
40. foreign policy
41. particularly
42. it concerns
43. neighboring

Fear Related Words

опасность (n) – danger
опасаться (v, imp) – to fear
опасный (adj) – dangerous
бояться + gen(v, imp) – to be afraid of
боязнь (n, f) + gen – fear of...
страх (n) – fear
страшный (adj) – scary
пугать/испугать – to scare, to frighten
испугаться – to get scared

e.g. *Собака испугала Ивана.*
The dog frightened Ivan.

e.g. *Иван испугался.*
Ivan got scared.

e.g. *Иван боится собак.*
Ivan is afraid of dogs.

e.g. *Не бойся/бойтесь!*
Don't be afraid!

«Бояться»

я	боюсь
ты	боишься
он/она	боится
мы	боимся
вы	боитесь
они	боятся

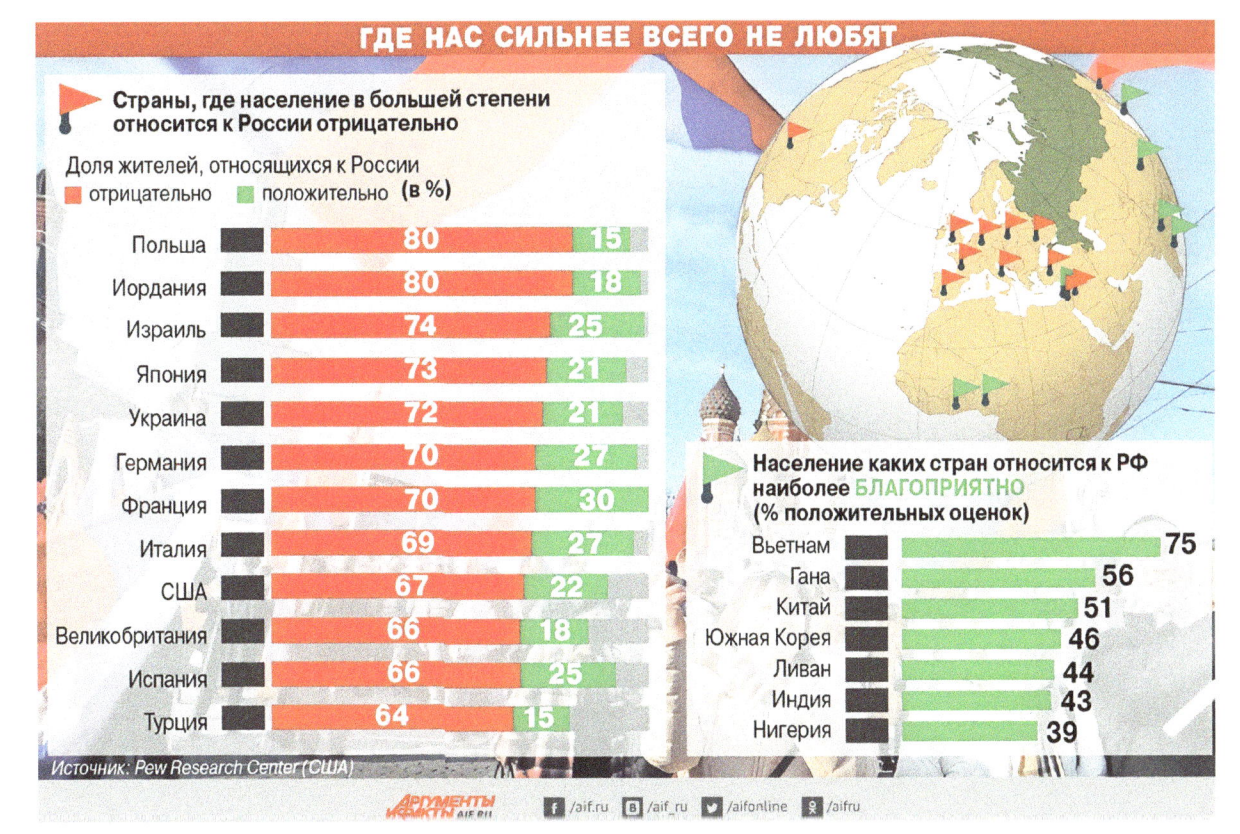

ГДЕ НАС СИЛЬНЕЕ ВСЕГО НЕ ЛЮБЯТ

Страны, где население в большей степени относится к России отрицательно
Доля жителей, относящихся к России отрицательно / положительно (в %)

Страна	Отрицательно	Положительно
Польша	80	15
Иордания	80	18
Израиль	74	25
Япония	73	21
Украина	72	21
Германия	70	27
Франция	70	30
Италия	69	27
США	67	22
Великобритания	66	18
Испания	66	25
Турция	64	15

Население каких стран относится к РФ наиболее БЛАГОПРИЯТНО (% положительных оценок)

Страна	%
Вьетнам	75
Гана	56
Китай	51
Южная Корея	46
Ливан	44
Индия	43
Нигерия	39

Источник: Pew Research Center (США)

Опрос об отношении к России

Глава 2. Международные отношения РФ

Лексика и грамматика

опрос (n) – survey/polls

    вопрос (n) – question

    запрос (n) – inquiry/request for information

    допрос (n) – interrogation

    спрос + на + acc – demand for... (related to economics)

    e.g. *спрос на нефть* – demand for oil

проводить/провести (v) – to conduct, to carry out

✏️ **Past Passive Participles**

Проведённый (conducted) is a past passive participle of **провести**.
Perfective verbs ending in **-ать** typically add the endings **-анный/ая/ое/ые** to the stem of the verb.
подписать
    e.g. *Договор, подписанный в Москве.* – an agreement signed in Moscow.
сделать
    e.g. *Машина, сделанная в США.* – A car made in the USA.
Perfective verbs ending in **-ить/еть** typically add **-енный** to the stem of the verb.
купить
    e.g. *Газ, купленный в России.* – Gas purchased in Russia.
Some verbs take the endings **-тый/ая/ое/ые**
убить (to kill)
    e.g. *Солдат, убитый на войне.* – The soldier killed during the war.

заказывать/заказать (v) – to order, to commission

    заказ (n) order, request

преобладать (v, impr) – to prevail

отношение + к + dat – attitude towards

    отношения (always plural) – relations

    e.g. *отношение к России* – attitude to Russia

    отношения с Россией – relations with Russia (inst)

    отношения между Россией и США – relations between Russia and the USA (inst)

✏️ **Adjectives describing size**
размер (n) – size
крупный (adj) – large
огромный (adj) – huge
гигантский (adj) – gigantic
крошечный (adj) – tiny

Глава 2. Международные отношения РФ

знак (n) – sign

    дорожный знак (n) – road sign

    знак Зодиака (n) – Zodiac sign

следовательно (adv) = **поэтому** – therefore

    следовать/последовать (v) – to follow

    след (n) – track

    следователь (n) – investigator

    следствие (n) – investigation

    расследовать (v, impr) – to investigate

    расследование (n) – investigation

    последствие (n) – consequence

> ✏️ **Winning and Loosing Related Words**
> **выигрывать/выиграть** (v) – to win (a competition)
> **побеждать/победить** (v) – to win (a war)
> **победа** (n) – victory
> **победитель** (n) – victor
> **проигрывать/проиграть** (v) – to lose

представлять собой – to be like (formal usage)

    e.g. *Что представляет собой эта страна?* – What is this country like?

своеобразный (adj) – peculiar, unusual

причина (n) – cause, reason

    по этой причине (expr) – for this reason

менталитет (n) – mindset

похож/-а/-е/-и + на + acc – to look like something, to resemble

    e.g *Сын похож на отца.* – The son looks like the father.

    e.g. *Дети похожи на мать.* – The children resemble their mother.

при этом (expr) – at the same time

вести (v, impr) – to lead, to take someone somewhere (on foot)

    вести себя (expr) – to behave

    поведение (n) – behavior

ожидание (n) – expectation

    ожидать (v, impr) – to expect

реальность (n) – reality

Глава 2. Международные отношения РФ

реальный (adj) – real

иначе (adv) – differently, otherwise

порождать/породить (v) – to generate

существование (n) – existence

    существовать (v, impr) – to exist

противоречие (n) – contradiction

    противоречить + dat (v) – to contradict

Грузия (n) – Georgia (the country)

    грузинский (adj) – Georgian

    грузин/-ка/-грузины (n) – Georgian nationals

виноват (adj) – guilty

    вина (n) – guilt

добиваться/добиться (v) – to achieve

преодолевать/преодолеть (v) – to overcome

доверие (n) – trust

    доверять/доверить (v) – to trust

внешний (adj) – external

    внешняя политика (n) – foreign policy

    BUT! министр иностранных дел (МИД) – Minister of Foreign Affairs

    внутренний (adj) – internal

Министерство внутренних дел (МВД) – Ministry of Internal Affairs

касаться + gen(v, imp) – to concern

    e.g. *Это касается всех стран.* – It concerns all countries.

сосед (n) – neighbor

    соседний (adj) – neighboring

    соседняя страна – a neighboring country

✎ The motion verbs «водить» and «вести»

Вести – to lead, to take someone somewhere (on foot)

я	веду
ты	ведёшь
он/она	ведёт
мы	ведём
вы	ведёте
они	ведут

It is a unidirectional verb, implying a one-way trip on foot.

e.g. *Гид ведёт группу в музей.* The guide is leading a tour group to the museum.

e.g. *Мать вела сына в школу.* Mother was taking her son to school.

Водить is a multidirectional counterpart, it describes habitual trips or round trips on foot, as well as the ability to drive a car.

я	вожу
ты	водишь
он/она	водит
мы	водим
вы	водите
они	водят

e.g. *Ты водишь машину?* Do you drive?

Related words:

Водитель (n) – driver

Водительские права (n) – drivers license (always in the plural)

Вопросы к теме

1. Что показал опрос Би-Би-Си?

2. Как люди европейской культуры воспринимают Россию и почему?

3. Как воспринимают Россию страны, на которые она совсем не похожа?

4. Почему Россия проиграла информационную войну у Грузии в 2008 году?

5. Что надо сделать России, чтобы преодолеть недоверие?

Глава 2. Международные отношения РФ

ТЕМА 4. РОССИЯ И СТРАНЫ СНГ

Ялта

Часть 1. Россия и Украина

История Крыма[1] представляет собой ряд неоднозначных указов[2], каждый из которых рано или поздно утрачивал[3] силу. В 944 г. князь[4] Игорь заключает договор с Византией и обещает[5] не нападать[6] на Крым. Внук Игоря, Владимир Красное Солнышко, несмотря на[7] договор, осаждает[8] и берёт Херсон. Более того, через несколько лет фактически получает почти весь Крым в приданое[9] за дочерью византийского императора[10]. По результатам Русско-турецкой[11] войны 1768—1774 гг. Крым получил статус независимой территории под покровительством[12] России, после чего Екатерина Вторая издала[13] Манифест о присоединении[14] Крыма к России, который нарушал[15] Мирный договор 1774 г. Последующие договоры подтвердили[16] российский статус Крыма.

В феврале 1954 г. Президиум Верховного Совета СССР издал указ «О передаче[17] Крымской области из состава РСФСР в состав УССР». Это решение было отменено[18] Постановлением[19] Верховного Совета РФ[20] 21 мая 1992 года.

1. of Crimea
2. ambiguous/unclear decrees
3. lost (formal usage)
4. prince
5. promises
6. to attack
7. despite
8. besieges/surrounds
9. dowry (n)
10. Byzantine Emperor
11. Russo-Turkish War
12. patronage
13. published
14. joining
15. violated
16. confirmed
17. transfer
18. was canceled
19. ruling
20. Supreme Council of the Russian Federation

Глава 2. Международные отношения РФ

На момент распада[21] СССР группировка[22] Советской армии на территории Украины составляла 700 тыс. человек. Там были расположены 176 межконтинентальных баллистических ракет[23] и примерно[24] 2600 единиц[25] тактического ядерного оружия[26], которые были впоследствии выведены[27] из страны в Россию по Будапештскому[28] меморандуму. Гарантами[29] целостности[30] Украины в условиях её безъядерного статуса[31] стали США, Великобритания, Франция и... Россия.

В 2014 году 94% избирателей проголосовали на референдуме по статусу Крыма за вступление в состав[32] Российской Федерации. Глава крымской комиссии по проведению референдума заявил, что явка[33] на референдуме в автономной[34] республике Крым составила 81%.

21. collapse, disintegration
22. contingent
23. intercontinental ballistic missiles
24. approximately
25. units
26. tactical nuclear weapons
27. moved out
28. Budapest (capitol of Hungary)
29. guarantors
30. integrity
31. nuclear free
32. for becoming part of...
33. participation
34. autonomous

Ukraine territorial change through history

Глава 2. Международные отношения РФ

Лексика и грамматика

Карта Крыма

Крым (n) – Crimea

    в Крыму – in Crimea

    крымский – Crimean

    крымчанин/крымчанка/крымчане – male/female/plural crimean

неоднозначный (adj) – ambiguous, unclear (literal – with more than one meaning)

утрачивать/утратить (v) – to lose (formal usage)

князь (n) – Prince

    княгиня (n) – Princess

обещать/пообещать (v) – to promise

    обещание (n) – a promise

нападать/напасть на + acc. – to attack

    e.g. *В 1941 году Германия напала на Россию.*
    In 1941 Germany attacked Russia.

Византия (n) – Byzantine Empire

    византийский (adj) – Byzantine

несмотря на + acc. – despite, in spite of

осаждать/осадить (v) – besiege

приданое (n) – a dowry

Турция (n) – Turkey

турецкий (adj) – Turkish

покровительство (n) – patronage

    покровитель/-ница (n) – patron/-ness

издавать/издать (v) – to publish

Киев, столица Украины

присоединение (n) – joining

присоединять/присоединять (v) – to join

нарушать/нарушить (v) – to violate, to break

подтверждать/подтвердить (v) – to confirm

передача (n) – a transfer, a television program

    передавать/передать (v) – to transfer, to televise

    e.g. *передача власти* – transfer of power

    e.g. *передача «Новости»* – news program

отменять/отменить (v) – to cancel

постановление (n) – ruling, decree

распад (n) – disintegration, collapse

тыс. = тысяча – (a thousand)

межконтинентальная баллистическая ракета – intercontinental ballistic missile

единица (n) – a unit, item

оружие (n) – weapons

    ядерное оружие (n) – nuclear weapons

    тактическое оружие (n) – tactical weapons

выводить/вывести (v) – to move out, to remove

Будапешт (n) – Budapest (capital of Hungary)

Венгрия (n) – Hungary

гарант (n) – guarantor

    гарантия (n) – guarantee

    гарантировать (v, imp) – to guarantee

целостность (n) – integrity (territorial)

безъядерный статус (n) – nuclear-free status

Вопросы к теме

1. Что произошло в результате Русско-турецкой войны?

2. Когда и как Крым вошёл в состав Украины?

3. Какой результат референдума по статусу Крыма в 2014 году?

4. Что заявил глава крымской комиссии по проведению референдума?

5. Какие страны стали гарантами целостности Украины?

Глава 2. Международные отношения РФ

Для информации. На каком языке разговаривают граждане Украины?

Восток-Центр
Русский 46,4%
Суржик 21,7%
Украинский 31,9%

Центр
Русский 24,2%
Суржик 14,6%
Украинский 61,2%

Запад
Русский 3,1%
Суржик 2,5%
Украинский 94,4%

Восток
Русский 86,8%
Суржик 9,6%
Украинский 3,7%

Юг
Русский 82,3%
Суржик 12,4%
Украинский 5,2%

- Абсолютно преобладает украинский
- Относительно преобладает русский
- Абсолютно преобладает русский

Язык по регионам, Украина

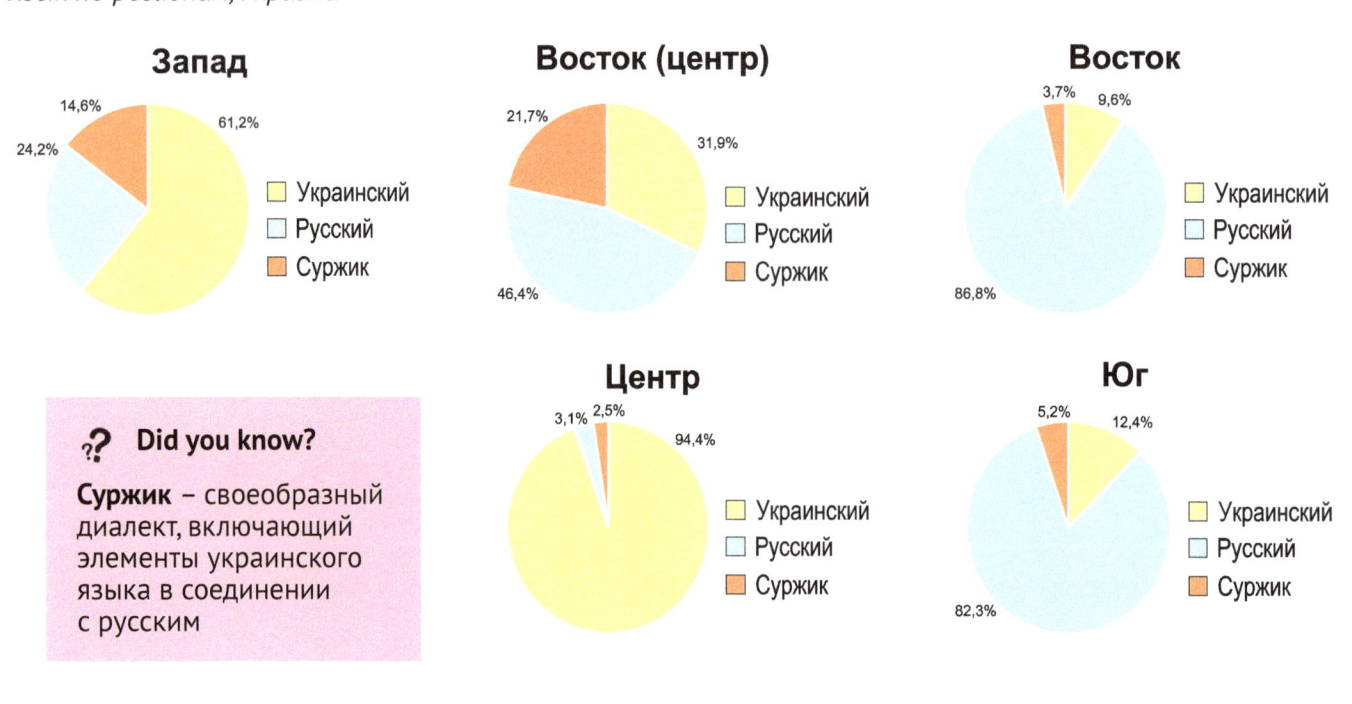

Запад: Украинский 61,2%, Русский 24,2%, Суржик 14,6%

Восток (центр): Украинский 31,9%, Русский 46,4%, Суржик 21,7%

Восток: Украинский 3,7%, Русский 86,8%, Суржик 9,6%

Центр: Украинский 94,4%, Русский 3,1%, Суржик 2,5%

Юг: Украинский 5,2%, Русский 82,3%, Суржик 12,4%

? Did you know?

Суржик — своеобразный диалект, включающий элементы украинского языка в соединении с русским

CULMEN INTERNATIONAL, LLC

Глава 2. Международные отношения РФ
Часть 2. Россия и Грузия

Тбилиси, столица Грузии

Грузия совсем небогата[1] с точки зрения[2] экономического развития и уровня жизни[3]. Средняя зарплата[4] в стране 250 долл., пенсия[5] – 91 долл., официальный уровень безработицы[6] – 12%, а неофициальный – 18%. Промышленного производства[7] практически нет, страна находится в сильной зависимости[8] от импорта.

Началом прорыва[9] в отношениях двух стран мог бы стать туризм. Грузия ещё в 2011 г. в одностороннем порядке[10] отменила визы для россиян. Теперь для поездки[11] нужен только загранпаспорт[12].

Кроме самолёта в Грузию из России можно доехать и морским путём: из Батуми до Сочи и обратно ходит[13] «ракета»[14]. Все вывески[15] на улицах – на английском и грузинском. Русский язык тут ещё не забыли, и вы легко объяснитесь[16] с теми, кому за 35[17], но молодёжь[18] по-русски почти[19] не говорит.

Грузия избрала нового президента Георгия Маргвелашвили, который заявил[20], что продолжит[21] политику по нормализации[22] отношений с Россией. Но главным фактором[23] в них остаются[24] Южная Осетия и Абхазия.

1. poor
2. from the stand point of
3. living standards
4. average wage
5. pension
6. level of unemployment
7. industrial production
8. depends heavily on…
9. breakthrough
10. unilaterally
11. trip, journey
12. passport for foreign travel
13. makes routine trips
14. hydrofoil
15. signs
16. communicate
17. with those over 35 years old
18. young people
19. almost
20. stated, declared
21. will continue
22. normalizing, improvement
23. major factor
24. remains

105

Лексика и грамматика

Карта Грузии

Грузия – Georgia

    грузин – Georgian male

    грузинка – Georgian female

    грузины – Georgian nationals

совсем – not in the least, not at all

богатый (adj) – rich, wealthy

    богат/-а/-о/-ы + instr. – to be rich in something

    e.g. *Россия богата нефтью и газом.* – Russia is rich in oil and gas.

    богатство (n) – wealth, richness

    богатеть/разбогатеть (v) – to become rich

    <u>antonym</u>: бедный

бедный (adj) – poor

    беден/бедна/бедны – short adj. of **бедный**

    бедность (n) – poverty

    беднеть/обеднеть (v) – to become poor

точка зрения (expr) – point of view

уровень (m) **жизни** (expr) – living standards

заплата (n) = **заработная плата** – wage, salary

    зарабатывать/заработать (v) – to earn

платить/заплатить (v) – to pay

пенсия (n) – pension

    пенсионер/-ка (n) – pensioner

безработица (n) – unemployment

    безработный (n) – unemployed

    уровень безработицы (exp) – unemployment rate

промышленный (adj) – industrial

  промышленность (n) – industry

производство (n) – production, manufacturing

    производить/произвести (v) – to produce, to manufacture

зависимость + от + gen (v) – dependency

    зависеть + от + gen (v, impr) – to depend on

прорыв (n) – breakthrough

в одностороннем порядке (n) (expr) – unilaterally

поездка (n) – trip, journey

    поезд (n) – train

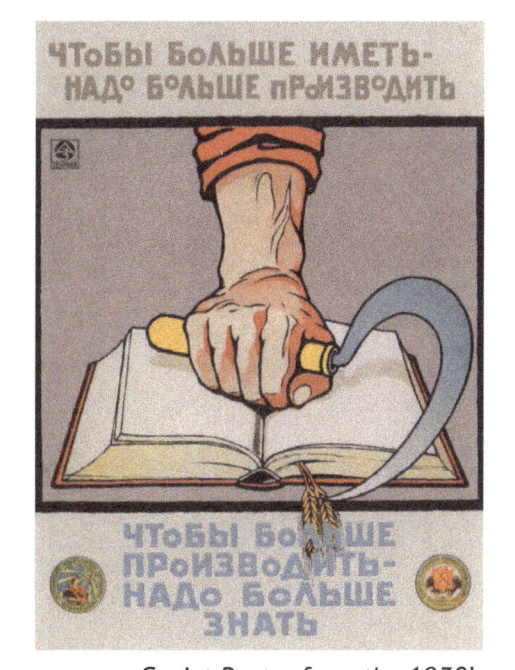

Soviet Poster from the 1930's

загранпаспорт (n) = **заграничный паспорт** – passport for foreign travel

туда и обратно (билет) (n) – a round trip ticket

«ракета» (n) – a hydrofoil (literally a rocket)

вывеска (n) – a street sign

объясняться/объясниться (v) – to communicate, to make oneself understood

молодёжь (n, f) – young people (collective term)

    молодёжный (adj) – related to young people

    молодёжный лагерь – a youth camp

    молодость (n) – young age/ youth (the opposite of старость – old age)

заявлять/заявить (v) – to declare, to state

продолжать/продолжать (v) – to continue

нормализация (n) – normalizing

оставаться/остаться (v) – to remain

✏️ **The use of Dative case in age-related expressions**

    Сколько вам, тебе, ему, etc **лет?**

Present Tense:

    Мне, тебе, etc. {1, 21, 31, etc **год**}

    {2, 3, 4, 22, 23, 24, 32, 33, 34, etc **года**}

    {5–20, 30, etc **лет**}

Future Tense:

    Мне, тебе, etc... **будет** + **год/года/лет**

Past Tense:

Use **был** only with 1, 21, 31, etc. Otherwise, use **было**

To say that someone/something is over a certain age, use **за** + age.

    e.g. *Ему за 40.* – He is over 40.

To say that someone or something is under a certain age, use **до** + age in the genitive.

    e.g. *Детям до 16 (шестнадцати) лет вход запрещён.*
    Children under 16 are not allowed (a Russian sign used by movie theaters).

Глава 2. Международные отношения РФ

Вопросы к теме

1. Что вы знаете об экономике Грузии?

2. Как можно путешествовать из России в Грузию?

3. Кто в Грузии говорит по-русски?

4. Что заявил новый президент Грузии?

5. Какая главная проблема в российско-грузинских отношениях?

Глава 2. Международные отношения РФ

Часть 3. Россия и Казахстан

Президент РФ и президент Казахстана

Встреча президента РФ и президента Казахстана

В Астане[1] состоялась[2] встреча Нурсултана Назарбаева и Владимира Путина. На ней были рассмотрены[3] основные вопросы дальнейшего[4] развития двусторонних отношений. Президент Казахстана поблагодарил[5] российского коллегу за визит и отметил высокий уровень сотрудничества[6] между двумя государствами.

Экономические и политические отношения очень активны, развиваются процессы в рамках[7] таможенного союза[8], Единого экономического пространства[9] и Евразийского Экономического Союза[10].

Во время встречи обсуждался весь[11] комплекс двусторонних отношений Казахстана и России, включая[12] космическую деятельность[13]. Казахстан рассчитывает[14] на расширение[15] своего участия[16] в космической деятельности космодрома[17] Байконур и развитие своего собственного[18] космического потенциала.

Помимо этого[19], во время встречи главы государств обсудили актуальные[20] вопросы международной повестки дня[21], включая ситуацию в Афганистане и процессы в Египте и Сирии. Глава России также затронул[22] тему событий на Ближнем Востоке и в Северной Африке.

---

1. Astana, the capital of Kazakhstan
2. took place
3. were considered
4. further
5. thanked
6. cooperation
7. within framework of
8. Customs union
9. common economic space
10. Eurasian Economic Union
11. entire
12. including
13. space exploration activities
14. counts upon
15. expansion, widening
16. its own participation
17. space launch pad
18. its own
19. besides that
20. topical, vital
21. agenda
22. touched upon

Астана, столица Казахстана

Глава 2. Международные отношения РФ

Лексика и грамматика

Карта Казахстана

Астана (n) – Astana

состояться (v, pf) – to take place

e.g. *встреча состоялась/состоится* – the meeting took/will take place

e.g. *митинг состоялся/состоится* – the protest rally took/will take place

дальнейший (adj) – further, next (figurative way)

дальний (adj) farthest, remote (physically)

e.g. *дальнейший прогресс* – further progress

e.g. *самый дальний остров* – the most remote island

благодарить/поблагодарить (v) – to thank

благодарность (n) – gratitude

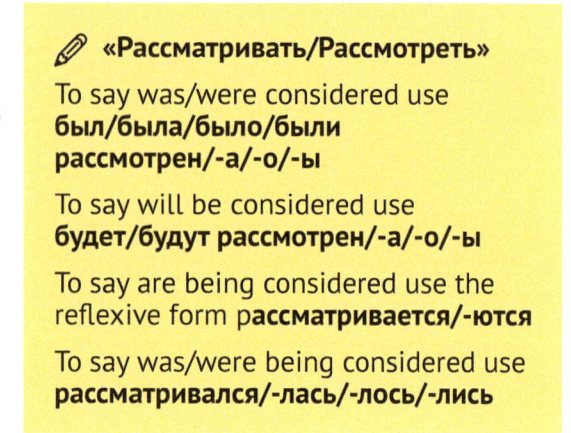

> ✏ **«Рассматривать/Рассмотреть»**
>
> To say was/were considered use **был/была/было/были рассмотрен/-а/-о/-ы**
>
> To say will be considered use **будет/будут рассмотрен/-а/-о/-ы**
>
> To say are being considered use the reflexive form **рассматривается/-ются**
>
> To say was/were being considered use **рассматривался/-лась/-лось/-лись**

Глава 2. Международные отношения РФ

коллега – a colleague of either gender

e.g. *Он мой коллега. Она моя коллега.*

уровень (n, m) – level

сотрудничество (n) – cooperation

    сотрудничать (v, imp) – to cooperate, to collaborate

    сотрудник (n) – a male employee

    сотрудница (n) – a female employee

в рамках (expression) – within the framework of

Таможенный Союз (n) – customs Union

    таможня (n) – customs

    таможенник (n) – customs Officer

Единое экономическое пространство (expr) – Common economic space

Евразийский Экономический Союз (expr) – Eurasian Economic Union

Евразия (n) – Eurasia

весь/вся/всё (adj, m/f/n) – entire/whole

включать/включить (v) – to include

    включая – including (imperfective gerand)

деятельность (n) – activity

    деятель (n) – an activist

    политический деятель (n) – a politician

свой/-я/-ё/-и (adj) – one's own

✏️ **Imperfective gerunds**

To say "while doing (something)", use an imperfective gerund (**деепричастие** in Russian grammar)

To form such constructions, delete the infinitive endings of the imperfective verbs and add **–я**.

e.g. *читать – читая* (while reading)
говорить – говоря (while speaking)

There are exceptions, however.

✏️ **The use of «свой»**

To describe a subject related to the object contained within the same clause use the derivatives of **свой**.

e.g. *Иван любит свою жену.* – Ivan loves his (own) wife.

e.g. *Иван любит его жену.* – A direct translation from English implies Ivan loves the wife of someone else.

Глава 2. Международные отношения РФ

рассчитывать/рассчитать (v) – to calculate, to count upon

расширение (n) – expansion

    расширять/расширить (v) – to expand

    широкий (adj) – wide

помимо этого (expr) – besides that

актуальный (adj) – topical, vital

повестка дня (expr) – agenda

затрагивать/затронуть (v) – to touch upon

Space-Related Words

космос (n) – space
космический (adj) – space-related
космонавт (n) – astronaut
космодром (n) – launch pad

Космодром Байконур

Yuri Gagarin (the first person in space) on April 12, 1961

Вопросы к теме

1. Какие вопросы были рассмотрены на встрече в Астане?

2. Что отметил президент Казахстана?

3. Какие вопросы обсуждались во время встречи?

4. На что рассчитывает Казахстан?

5. Какую тему затронул глава России во время встречи?

Глава 2. Международные отношения РФ

Часть 4. Россия и Беларусь

Минск, столица Беларуси

В апреле празднуется[2] День единения[3] народов России и Беларуси.

Беларусь получает самый дешёвый[4] газ в Евразии – 160 долл. за 1000 кубометров[5]. Российский рынок[6] полностью[7] открыт для белорусских товаров[8], что часто ставит в сложное положение[9] отечественных[10] фермеров[11]. Соседи заваливают[12] российские магазины молочными[13] и мясными[14] продуктами. Потери[15] российских производителей оцениваются[16] в 2–3 млрд долл.

Москва на льготных условиях[17] много лет кредитует[18] Минск – сейчас, например, там ожидают[19] очередную[20] порцию займа[21] в 3,5 млрд долл., выданного[22] в рамках антикризисного фонда ЕврАзЭС[23]. Кстати[24], условием[25] выдачи денег[26] было начало приватизации[27] и экономических реформ, однако ничего из этого пока не сделано.

1. Belarus
2. is celebrated
3. unity
4. the cheapest
5. cubic meters
6. market
7. fully, completely
8. goods
9. puts in a difficult situation
10. local/native
11. farmers
12. oversupply
13. dairy
14. meat
15. losses
16. are assessed
17. on favorable terms
18. has been crediting
19. expect
20. next
21. portion of the loan
22. issued/transferred
23. Eurasian Economic Union Anti-crisis Foundation
24. as a matter of fact
25. the condition
26. of the money transfer
27. privatization

Глава 2. Международные отношения РФ

Наконец, в рамках Союзного государства был введён[28] единый социальный пакет[29] для граждан обеих[30] стран. Приезжая[31] из одной республики в другую, люди могут обращаться за[32] медицинской помощью[33], получать образование[34], переводить пенсии[35] и т.д. Но на деле[36] россияне ездят в Беларусь мало, в основном[37] на отдых[38]. А белорусских гастарбайтеров[39] в РФ более 600 тыс.! И Россия полностью[40] оплачивает[41] их социальные расходы[42].

В итоге ежегодные дотации[43] Беларуси достигают[44] 8–9 млрд долл., или почти по 1000 долл. на каждого её жителя! Помощь России союзной республике составила 72 млрд долл. за последние 15 лет.

Что Россия получает взамен[45]? Экономическая интеграция, о которой столько[46] было сказано, неэффективна[47]. Например, до сих пор[48] нет ни одной[49] совместной[50] корпорации. Неочевидны[51] выгоды[52] и в геополитике.

28. was introduced/implemented
29. unified social security package
30. both
31. arriving
32. turn for
33. medical assistance
34. get education
35. transfer pensions
36. in reality
37. mainly
38. on vacations
39. German for "guest workers"
40. in full
41. pays off
42. social expenses
43. contributions
44. reach/amount to
45. in exchange
46. so much
47. inefficient
48. until now
49. not a single
50. joint corporations
51. are not obvious
52. benefit, advantages
53. geopolitics

Глава 2. Международные отношения РФ

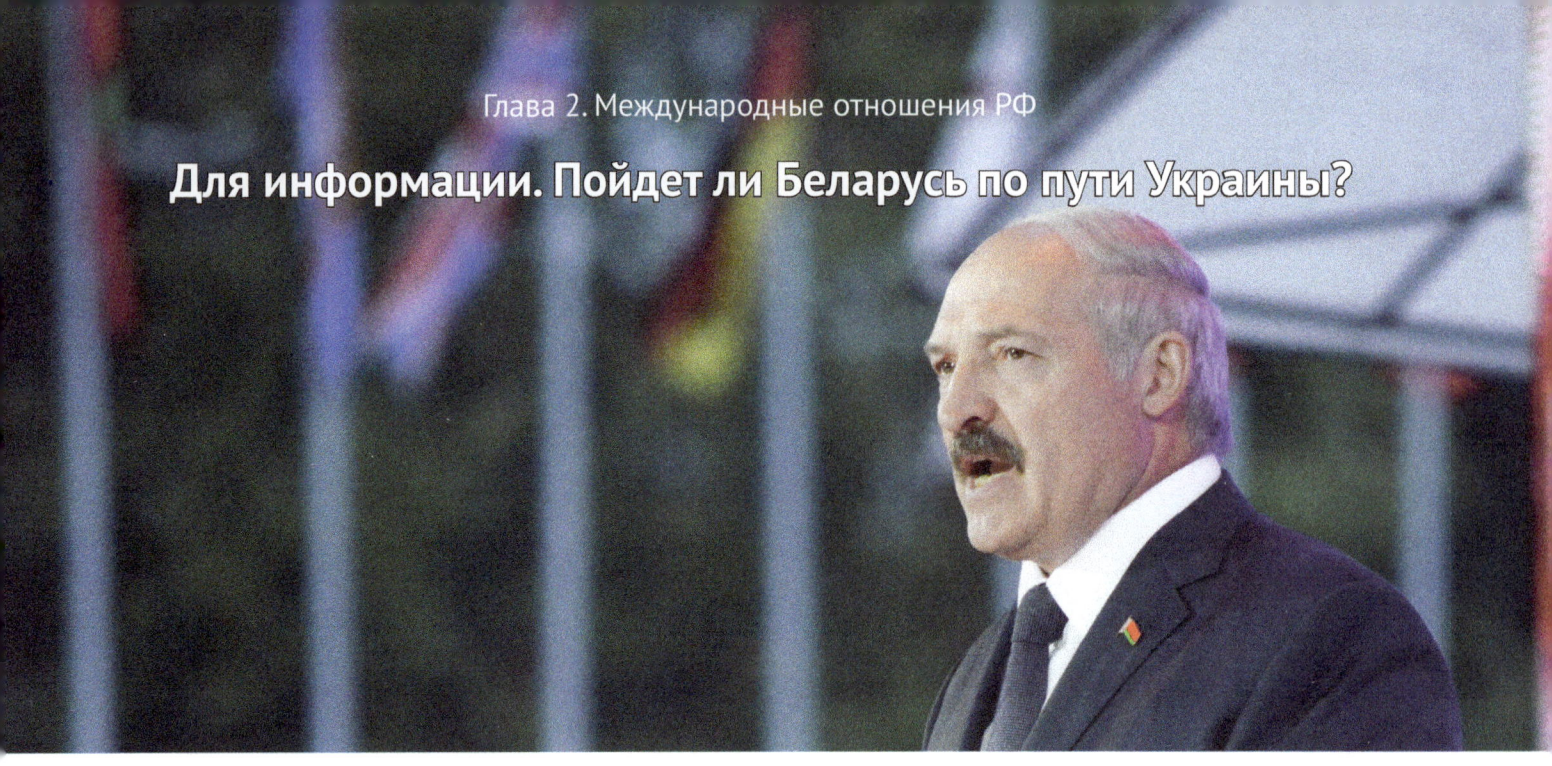

Для информации. Пойдет ли Беларусь по пути Украины?

Президент Беларуси

Граждан Беларуси спросили: «В каком союзе государств лучше бы[1] жить народу Беларуси – Европейском Союзе или в союзе с Россией?». 64,5% выбрали союз с Россией, 14% – Евросоюз. Если бы сегодня в Беларуси проходил референдум о вступлении в ЕС[2], «за» голосовали бы 15%, «против» – 51%, а 24% вообще бы проигнорировали такой референдум.

С одной стороны, белорусы любят посещать Европу. Но, с другой стороны, жить в Евросоюзе они не хотят. Белорусы привыкли жить в безопасности[3]. Одно дело – поехать Вильнюс[4] или Белосток[5] на шопинг, другое – войти в ЕС и получить свою квоту на размещение[6] ближневосточных беженцев[7]. 66% опрошенных[8] выступают за то, что Беларусь должна быть независимым[9] государством. За объединение[10] с Россией в единое государство проголосовали бы лишь 31% белорусов. Идею союзного государства «с единой валютой, президентом и парламентом» поддерживают[11] 12%. И лишь 4,6% белорусов – за «вхождение[12] Беларуси в Россию в качестве субъекта Федерации».

Дружить[13] с Россией и при этом[14] быть независимым государством позволяет политикам в обоих государствах строит взаимовыгодные[15] отношения. В 2016 г. объём[16] инвестиций России в Беларусь достиг[17] 4 млрд долл, а объём белорусских инвестиций в экономику РФ – более 600 млрд долл. А товарооборот[18] между странами в 2017 г. вырос на 30%.

1. would be
2. EU (European Union)
3. safety/security
4. the capital of Lithuania
5. a town in Poland
6. to settle
7. Middle Eastern refugees
8. of the respondents
9. independent
10. unification
11. are supporting
12. entering into
13. to be on good terms with
14. at the same time
15. mutually beneficial
16. volume
17. has reached
18. turnover

Глава 2. Международные отношения РФ

Вопросы к теме

1. Почему некоторые белорусы не хотят жить в ЕС?

2. Как развиваются российско-белорусские экономические отношение?

Флаг Беларуси

Глава 2. Международные отношения РФ

Лексика и грамматика

Карта Беларуси

Беларусь (n,f) – Belarus

    белорус – Belarusussian Male

    белоруска – Belarusussian Female

    белорусы – Belorussians

праздновать/отпраздновать (v) – to celebrate

    праздноваться (v, reflexive) – to be celebrated

    праздник (n) – holiday, celebration

единение (n) – unification

    единый (adj) – united, common

    e.g. *Партия Единая Россия* – The United Russia Political Party

Irregular Comparative Adjectives

больше – bigger
меньше – smaller
дороже – more expensive
дешевле – cheaper
легче – Easier
лучше – better
хуже – worse

самый дешёвый (adj, superlative) – the cheapest

> ✏️ **How to Form Comparative and Superlative Adjectives**
> Use **более** + adjective to form a comparative
>
> > e.g. *более дешёвый* – cheaper
>
> The Russian word for "than" is **чем**.
>
> > *Русский язык более трудный, чем испанский.* – Russian is more difficult than Spanish.
>
> You can also form a comparative adjective by adding the **-ее** ending to the stem of a regular adjective.
>
> > e.g. *Петербург красивее...*
> > ...*Москвы* (Genitive)
> > ...*чем Москва* (Nominative)
>
> To say less + adjective (like "less important") use **менее** + adj.
>
> > e.g. *Испанский язык менее трудный чем русский.* – Spanish is less difficult than Russian.
>
> The Russian equivalent of "the most" is **самый/-ая/-ое/-ые** + adj.
>
> > e.g. *Самое важное событие года.* – The most important event of the year.

рынок (n) – market

> **рыночный** (adj) – market related
>
> **рыночная экономика** – a market economy

полностью (adv) – fully

> **полный** (adj) – full

ставить в сложное/трудное положение (expr) – to put in a difficult/complicated situation

отечественный (adj) – from one's country, local, domestic

> **Отечество** (n) = родина – (literal) Fatherland

ферма (n) – farm

> **фермер** (n) – farmer

заваливать/завалить (v) – to oversupply

молоко (n) – milk

> **молочный** (adj) – dairy

Глава 2. Международные отношения РФ

мясо (n) – meat

    мясной (adj) – meat related

    e.g. *молочные и мясные продукты* – dairy and meat products

терять/потерять (v) – to lose

    потеря (n) – a loss

оценивать/оценить (v) – to evaluate, to assess

    оцениваться (v) – to be assessed

    цена (n) – price, cost

    ценность (n) – value

    ценный (adj) – valuable

льгота (n) – privilege, perk, benefit

условие (n) – condition

    e.g. *на льготных условиях* (expression) – on favorable terms

    условием – instrumental case of **условие**

кредит (n) – credit

    кредитовать (v/imp) – to give credit

ожидать (v, imp) – to expect

очередной (adj) – next in sequence

    очередь (n) – line

> **The use of reflexive verbs to express passive meaning**
>
> Reflexive verbs may be used to express the passive meaning.
>
> e.g. *Дом строится.*
> The house is being built.
>
> e.g. *Встреча отменяется.*
> The meeting is canceled.

> **The use of reflexive verbs to express passive meaning**
>
> Short Adjectives (**открыт**, **занят**, etc) are formed by deleting **-ый, -ий, -ой, -ая, -яя, -ое, -ее, -ые, -ие** from the stem, replacing them for the zero ending for singular masculine forms, **-а, -о , -ы** for the female, neuter and plurals respectively.
>
> They are never followed by the nouns and typically describe less lasting qualities than long adjectives.
>
>   e.g. *Вход закрыт.* – The entrance is closed (temporarily).
>
>   *Новоуральск – закрытый город.* – Novouralsk is a closed city (for foreigners for a long time).
>
>   *Иван сейчас болен.* – Ivan is sick now.
>
>   *Иван – больной человек.* – Ivan is (chronically) ill.

Глава 2. Международные отношения РФ

заём (n) – loan

    занимать/занять (v) – to borrow

выдавать/выдать (v) – to issue

    выданный – past passive participle of выдать – issued

кризис (n) – crisis

    кризисный (adj) – crisis related

фонд (n) – foundation (financial)

приезжая – imperfective gerund of **приезжать** (when) arriving

обращаться/обратиться за + acc – to turn for something

медицинская помощь (n,f) – medical assistance

    скорая помощь – ambulance 911

финансовая помощь (n) – financial aid

образование (n) – education

переводить/перевести (v) – to transfer

    денежный перевод (n) – money transfer

пенсия (n) – pension

    пенсионер/-ка – pensioner

на деле (expr) – in reality

    полностью (expr) – on full

оплачивать/оплатить (v) – to pay off

расход (n) – expense

    доход (n) – income

📝 «**Вводить/ввести**»

Вводить/ввести (v) – to introduce, to implement

To say was/were/will be implemented, use

был введён (m)
была введена (f)
было введено (n)
были введены (pl)
будет/будут (see above)

📝 **The use of Instrumental case after «быть» and «стать»**

Use instrumental case after **быть** and **стать** (to become).

    e.g. *Это было условием.* – It was a condition.

    Он будет инженером. – He will be an engineer.

    Она стала президентом. – She became President.

дотация – subsidy (typically from the government)

достигать/достичь (v) – to reach

взамен (expr) – in exchange

столько (adv) – so much

до сих пор (expr) – until now

ни одной (expr) – not a single

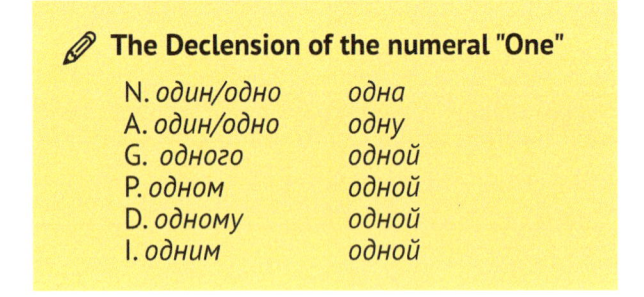

> ✏️ **The Declension of the numeral "One"**
> N. *один/одно*   *одна*
> A. *один/одно*   *одну*
> G. *одного*   *одной*
> P. *одном*   *одной*
> D. *одному*   *одной*
> I. *одним*   *одной*

> ✏️ **The Russian equivalent for Both**
> Use **оба** for male and neuter nouns.
>   e.g. *Оба дома, оба окна*
> Use **обе** for female nouns
>   e.g. *Обе книги*
>
> N. *оба*   *обе*
> A. *обоих*   *обеих*
> G. *обоих*   *обеих*
> P. *обоих*   *обеих*
> D. *обоим*   *обеим*
> I. *обоими* *обеими*

совместный (adj) – joint

    совместное предприятие – joint venture

очевидно (adv) – obviously

    очевидный (adj) – obvious

выгода (n) – benefit, advantage

    выгодный (adj) – advantageous, profitable

геополитика (n) – geopolitics

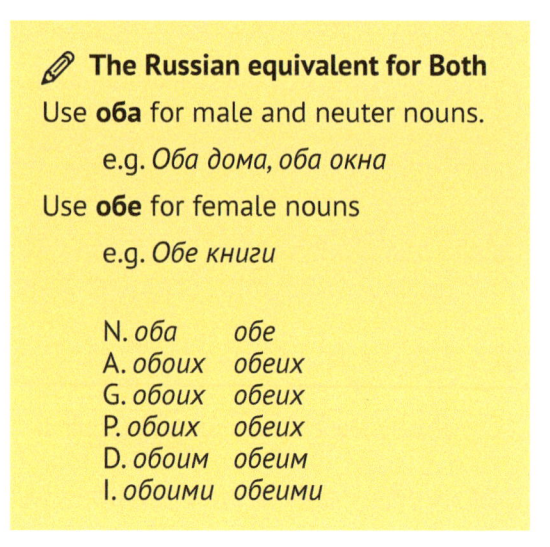

Глава 2. Международные отношения РФ

Вопросы к теме

1. Что празднуется в апреле?

2. Что получает Беларусь из России?

3. Что ставит в сложное положение российских фермеров?

4. Что такое единый социальный пакет?

5. Что получает Россия взамен?

Глава 2. Международные отношения РФ

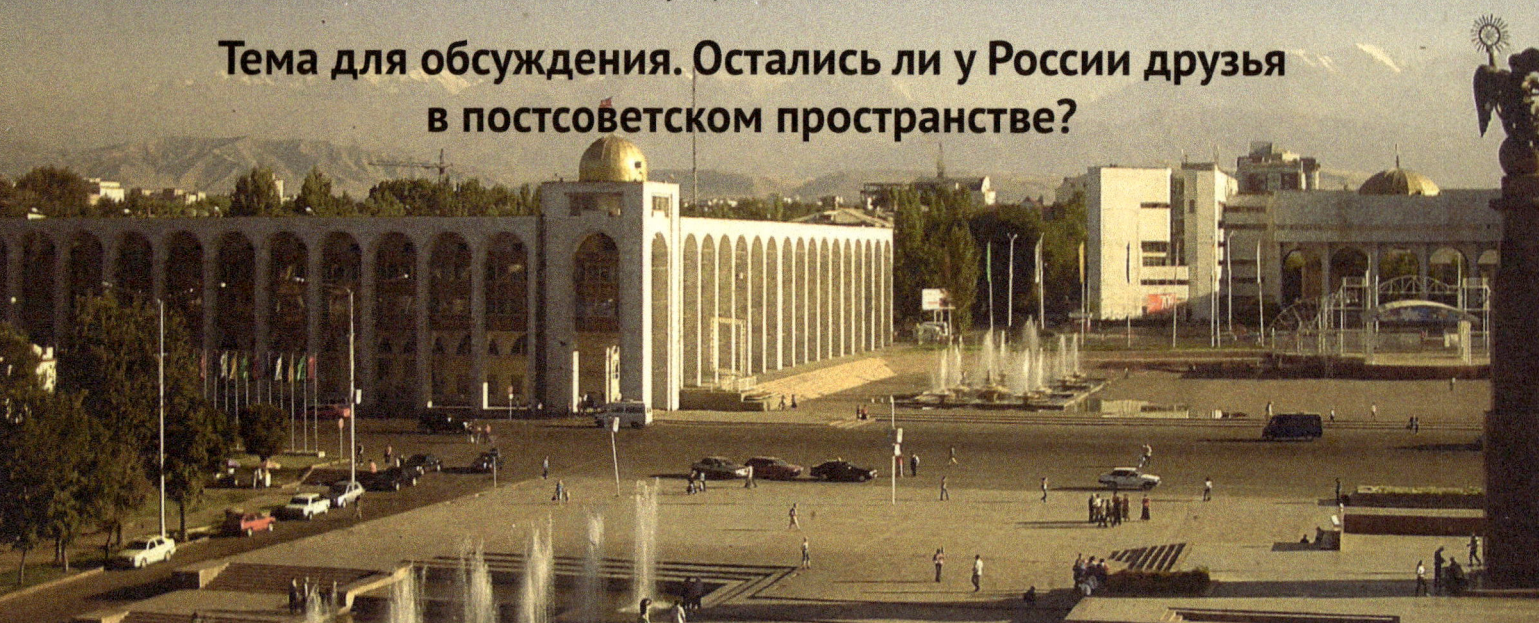

Тема для обсуждения. Остались ли у России друзья в постсоветском пространстве?

Бишкек, столица Киргизии

Постсоветское пространство[1] в России привычно[2] считают зоной своих национальных интересов. Формальное[3] общение[4] с бывшими[5] союзными республиками остаётся очень тесным[6]. Недавно Владимир Путин летал[7] в Бишкек[8] на саммит Шанхайской организации сотрудничества (ШОС[9]), куда кроме[10] России входят Казахстан, Киргизия, Таджикистан, Узбекистан плюс Китай. В ОДКБ (Организация Договора о коллективной безопасности[11]) те же[12] участники[13] минус Китай и Узбекистан и плюс Беларусь и Армения.

Также формируется[14] Таможенный союз[15] – пока в нём Россия, Казахстан и Беларусь, но недавно к ним решила присоединиться[16] Армения. Содружество Независимых Государств[17] живёт уже почти 24 года. Но, может, это только видимость[18], что страны СНГ всё ещё вместе? В Минске недавно арестовали[19] крупного российского бизнесмена, несмотря на[20] протесты[21] Москвы. С Беларусью и с Украиной время от времени[22] происходят[23] торговые войны[24].

1. post Soviet space
2. by habit
3. formally, officially
4. contacts
5. former
6. close (adj)
7. flew
8. Bishkek – capital of Kyrgyzstan
9. Shanghai Organization for Cooperation
10. besides
11. Collective Security Treaty Organization
12. the same
13. participants
14. is being formed/set up
15. Customs Union
16. to join
17. The Commonwealth of Independent States
18. illusion
19. was arrested
20. despite
21. protests
22. from time to time
23. occur/take place
24. trade wars

Глава 2. Международные отношения РФ

Азербайджан, хотя[25] он и имеет довольно ровные[26] отношения с Россией, называют стратегическим партнёром США на Кавказе. А республики Центральной Азии всё активнее ориентируются[27] на Китай. Недавно новый председатель КНР Си Цзиньпин был в Ташкенте, стороны подписали соглашения на 15 млрд. долл. До этого он пообещал многомиллиардные инвестиции Казахстану, договорился о закупке дополнительных[28] 25 млрд м³ (кубометров) газа в Туркмении.

Есть и другие новости: поток[29] русских, желающих[30] переехать из Казахстана в РФ, вырос вдвое[31]. Среди[32] причин[33] называют требование[34] знания[35] казахского языка, преимущества[36] «коренным»[37] жителям при устройстве на работу[38]. Тем временем[39] в Киргизии издали[40] указ[41], по которому[42] все документы местных органов власти должны выходить на национальном языке, хотя русский там носит статус официального.

25. although
26. steady/even-keeled
27. are actively getting close to/looking up to
28. additional
29. the flow
30. wishing/desiring
31. has doubled
32. among
33. reasons/causes
34. requirement
35. knowledge
36. perks/privileges
37. indigenous
38. to obtain jobs
39. in the meantime
40. was published
41. a decree
42. according to which

Карта СНГ

Глава 2. Международные отношения РФ

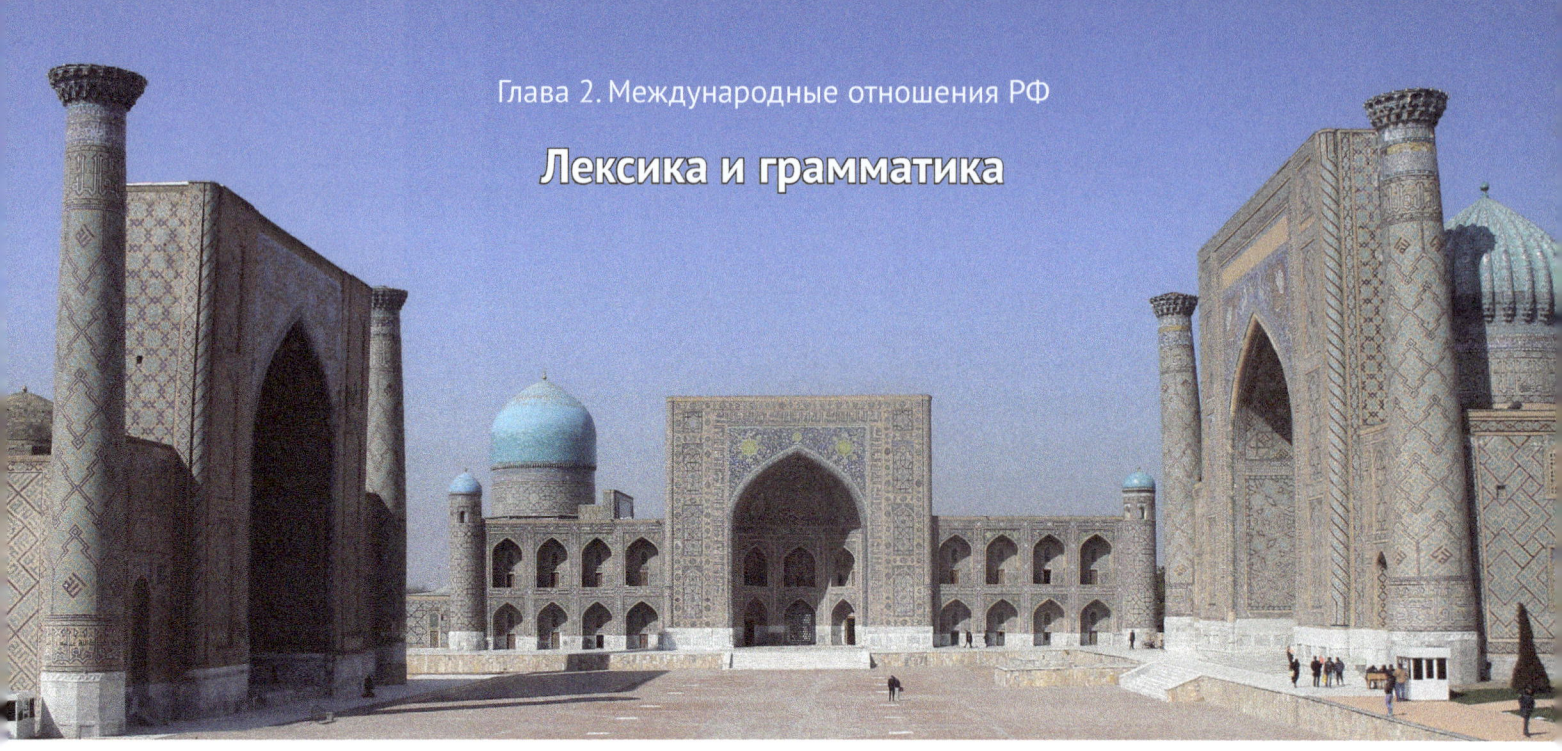

Лексика и грамматика

Узбекистан

> ✏️ **Conditional Phrases in Russian**
>
> The Russian word for "if/whether" is **если** and its shorter form – **ли**.
>
> **Если** is used typically in the beginning of a conditional phrase.
>
> > e.g. *Если договор будет подписан, война закончится.*
> > If the treaty is signed the war will be over.
>
> **Ли** is used as the equivalent of "whether" and always follows the word it refers to.
>
> > e.g. *Мы не знаем, приедет ли президент на встречу.*
> > We don't know whether the president will be coming to the meeting.

постсоветский (adj) – post Soviet, after the collapse of the USSR

> **BUT**! **послевоенный** (adj) – post war

пространство (n) – space, area

привычка (n) – habit

> **привычно** (adj) – habitually

> **привыкать/привыкнуть + к +** dative – to get accustomed

> Remember the irregular past of **привыкнуть** – **привык/-ла/-ли**.

> e.g. *Иван привык к новой работе в Москве.*
> Ivan got accustomed to his new job in Moscow.

формально (adj) – formally

> **формальный** (adj) – formal

128

Глава 2. Международные отношения РФ

общение (n) – contacts/interaction

    общаться/пообщаться + inst. (v) – to communicate

бывший (adj) – former

тесный (adj) – close, tight

летать (v) – to fly (multidirectional, imperfective)

    лететь (v) – to fly (unidirectional, imperfect)

кроме + gen – besides

те же – the same (plural)

> **Keep in mind the irregular conjugation**
>
> я   лечу
> ты   летишь, etc...

> **The use of «тот/то/та/те/же» to express "sameness"**
>
> | | male | neuter | female | plural |
> |----|---------|---------|--------|---------|
> | N. | тот же | то же | та же | те же |
> | A. | тот же | то же | ту же | те же |
> | G. | того же | того же | той же | тех же |
> | P. | том же | том же | той же | тех же |
> | D. | тому же | тому же | той же | тем же |
> | I. | тем же | тем же | той же | теми же |

участник (n) – a participant

    участвовать/поучаствовать (v) – to participate

    часть (n) – part, segment

    частный (adj) – private

формироваться/сформироваться (v) – to be formed, created

    форма (n) – shape, form

присоединяться/присоединиться + к + dat (v) – to join (in reference to countries and people)

    e.g. *Армения присоединилась к этим странам.*
    Armenia joined these countries.

    BUT! **вступить/вступить в +** acc – to join a political (or military) organization.

    e.g. *Иван вступил в партию Единая Россия.*
    Ivan joined the United Russia Party.

> **«Всё»**
>
> When followed by a comparative adjective (or adverb) adds an emphasis to the comparison.
>
> e.g. *всё активнее* – more and more actively

видимость (n) – illusion

арестовывать/арестовать (v) – to arrest

несмотря на + acc (expression) – in spite of

протест (n) – protest

    протестовать/запротестовать (v) – to protest

    протестующий (n) – a protester

> ✏️ **Present Active Participles**
> To form the present active participles, put the imperfective verb into the **они** form.
>   e.g. *желать – они желают*
> Delete the plural ending and add
>   **-щий** for masculine singular – **желающий**
>   **-щая** for feminine singular – **желающая**
>   **-щее** for neuter singular – (rarely used)
>   **-щие** for all plurals – **желающие**
> Participles act as adjectives and agree with the nouns they modify in number, gender and case.

происходить/произойти (v) – to happen, to occur

> ✏️ **Note**
> The past tense of **произойти** is **произошёл/-шла/-шло/-шли**.

торговый (adj) – commercial

    торговля (n) – trade

    Министерство торговли (n) – Ministry of Commerce

    торговать (v, imp) – to trade in something

    e.g. *Россия торгует нефтью и газом.* – Russia trades in oil and gas.

довольно (adv) – rather

    BUT! **довольный** – contest, satisfied

ровный (adj) – even, steady, smooth

ориентироваться на + acc (v, imp) – to look up to, to get close to

дополнительный (adj) – additional

    дополнять/дополнить (v) – to add

> ✏️ **Время-related words**
> **время от времени** – from time to time
> **со временем** – sometime later
> **временами** – sometimes
> **тем временем** – in the meantime
> **временный** – temporary

поток (n) – flow, stream

желающих – those wishing to
(present active participle of **желать** – to wish)

   желание (n) – wish

причина (n) – reason, cause

требование (n) – demand, requirement

   требовать/потребовать (v) – to demand, to require

знание (n) – knowledge

преимущество (n) – advantage

коренной житель (expr) – indigenous inhabitants

   корень (n) – root

устройство на работу (expr) – job search

   synonym: **поиск работы**

   устраиваться (v, imp) **на работу** (expr) – to look for a job

   устроиться (v, pf) **на работу** (expr) – to get a job

   synonym: **найти работу**

по которому – according to which (dative form of **который**)

✏️ **Quantitative expressions**
вдвое – twice as much
втрое – three times more
в четыре раза – four times
в пять раз, etc… five (or more) times

✏️ **«Среди»**
Среди (among) takes the genitive case.
среди причин – among the reasons

✏️ **The use of «который» and its derivatives**

Который/ая/ое/ые translates as which or what and agrees in the number, gender and case with the noun(s) that it refers to (both animate and inanimate).

   e.g. *Машина, которую купила фирма, очень дорогая.*
   The car, that the company purchased, is very expensive.

   e.g. *Студент, которого вы видели, учится в нашем университете.*
   The student whom you have seen goes to our university.

*Remember: always place a comma before **который/ая/ое/ые**.

Глава 2. Международные отношения РФ

Дополнительная информация. Казахстан, Таджикистан, Киргизия

Душанбе, столица Таджикистана

Повод[1] для посещения[2] этих стран – 25-летие установления[3] дипотношений[4] РФ с ними (Киргизия – март, Таджикистан – апрель, Казахстан – октябрь).

В Алма-Ате в понедельник среди прочего[5] Владимир Путин с Нурсултаном Назарбаевым затронули[6] и тему сирийского урегулирования[7]. Российский лидер заметил[8], что переговоры[9] в Астане заложили фундамент[10] для предстоящих[11] встреч в Женеве.

Общение[12] президентов носит регулярный характер: в 2016 г. они провели 6 встреч и 12 телефонных разговоров: в предыдущий[13] раз виделись 26 декабря в Санкт-Петербурге на саммитах ОДКБ[14] и Высшего экономического совета.

Позже в тот же день – встреча с главой Таджикистана в Душанбе.

Путин и Рахмон обсудили вопросы сотрудничества в экономике и энергетике, а также поддержание[15] порядка в регионе.

Говорили в том числе[16] и о вопросах трудовой миграции[17]: по официальным данным[18], за 2016 г. 870 тыс. таджикских граждан, работающих в РФ, отправили на родину 1,9 млрд долларов, это треть[19] (!) ВВП[20] республики!

1. the reason
2. for the visit
3. establishment
4. diplomatic relations
5. among other things
6. mentioned
7. resolution
8. noted
9. negotiations
10. laid a foundation
11. upcoming
12. contacts
13. previous
14. Treaty on Collective Security – Организация договора о коллективной безопасности
15. maintaining
16. also
17. labor migration
18. according to the official data
19. one-third
20. GDP

Глава 2. Международные отношения РФ

По итогам переговоров, видимо²¹, будет разрешён²² обратный въезд²³ в Россию для 200 тыс. трудовых мигрантов²⁴ из Таджикистана, которые ранее не могли этого сделать из-за незначительных²⁵ нарушений²⁶.

Путин заметил, что вводятся²⁷ льготные тарифы²⁸ на перевозку²⁹ сельхозпродукции³⁰.

По результатам переговоров подписали 7 документов о сотрудничестве в разных областях – от спорта и охраны природы³¹ до использования³² атомной энергии³³. Кроме того, президент РФ вручил³⁴ Рахмону орден Александра Невского* за большой личный вклад³⁵ в укрепление³⁶ двусторонних отношений³⁷ и сотрудничества.

В Бишкек президент РФ прилетел по приглашению³⁸ президента Киргизии Атамбаева. После присоединения³⁹ Киргизии к Евразийскому экономическому союзу экспорт республики в РФ вырос⁴⁰ на 138% (за 2016 г.) – продают в основном⁴¹ текстиль, обувь, металлы и продукты. Москва отменила⁴² разрешение для трудоустройства⁴³ киргизов в РФ и экзамены по русскому, как и для других стран-членов Союза. В России сейчас учатся 16,7 тыс. граждан Киргизии.

В Бишкеке также прошли переговоры о региональной безопасности ⁴⁴ в Центральной Азии: совместные мероприятия⁴⁵ по борьбе⁴⁶ с экстремизмом, наркотрафиком и оргпреступностью⁴⁷ признаны приоритетом российско-киргизского партнёрства.

21. most likely
22. will be allowed
23. a re-entry
24. migrant workers
25. minor
27. are introduced
28. reduce tariffs
29. transportation
30. agricultural produce
31. environmental protection
32. utilization
33. nuclear energy
34. awarded
* Russian Grand Prince of Novgorod and Vladimir (ancient Russian cities)
35. personal contribution
36. strengthening
37. bilateral relations
38. at the invitation of
39. joining
40. increased
41. mainly
42. canceled
43. work authorization
44. regional security
45. joint actions
46. in the fight against
47. organized crime

Алма-Ата, бывшая столица Казахстана

Глава 2. Международные отношения РФ

Вопросы для обсуждения

1. По какому поводу президент РФ посетил страны Центральной Азии?

2. Какую тему обсудили лидеры РФ и Казахстана в понедельник?

3. Какие вопросы обсудили на встрече главы РФ и Таджикистана?

4. Какие результаты переговоров президентов РФ и Таджикистана?

5. Какие результаты присоединения Киргизии к Евразийскому Экономическому Союзу?

6. О чём прошли переговоры в Бишкеке?

Express It In Russian

1. In February 1954, Crimea became part of Ukraine.

2. In 2014, 94% of voters in the referendum voted in favor of Crimea's joining the Russian Federation.

3. The new President of Georgia stated that he will continue the policy to normalize relations with Russia.

4. In 2011 Georgia unilaterally waived visa requirements for Russian tourists.

5. The level of economic development and living standards are low in Georgia.

6. Wages and pensions are low and the level of unemployment is high.

7. Economic and political bilateral relations between Russia and Kazakhstan are rapidly developing including space exploration.

8. During the meeting, the heads of states discussed the vital questions of international agenda, including events in the Middle East and North Africa.

9. Belarus receives the cheapest gas in Eurasia, and the Russian market is fully open for Belorussian goods. Belarus is a member of the Customs Union.

10. The losses of Russian manufacturers are high.

11. Annual subsidiaries to Belarus fully cover social expenses of Belorussian guest workers in Russia.

Глава 2. Международные отношения РФ

Chapter Two Topical Vocabulary

автозавод (n) – car factory

актуальный (adj) – topical, vital

арестовывать/арестовать (v) – to arrest

А

безлюдный (adj) – unpopulated

безопасность (n) – security and safety

безработица (n) – unemployment

безработный (adj) – unemployed

безъядерный статус (expr) – nuclear-free status

благодарить/поблагодарить (v) – to thank

благодарность (n) – gratitude

богатый (adj) – rich, wealthy

бороться (v) – to struggle, to fight

борьба (n) – a struggle, fight

будущее (n) – future

бывший (adj) – former

Б

в будущем (expr) – in the future

в одностороннем порядке (expr) – unilaterally

в рамках (expr) – within the framework of

в свою очередь (expr) – in his/her/ their turn

в случае + gen (expr) – in the case of/if

в ходе + gen (expr) – during, in the course of

важность (n) – importance

важный (adj) – important

В

В

вести (v) – to lead, to take someone somewhere (on foot)

вести себя (expr) – to behave

весь/вся/всё (adj, m/f/n) – entire/whole

взаимный (adj) mutual, reciprocal

взамен (expr) – in exchange

видимость (n) – illusion

Византия (n) – Byzantine Empire

вина (n) – guilt

виноват (adj) – guilty

включать/включить (v) – to include

влиять/повлиять на + acc (v) – to influence, to be an influence of

влияние (n) – influence

вмешиваться/вмешаться + **в** + acc (v) – to interfere

внешний (adj) – external

внешняя политика (n) – foreign policy

внутренний (adj) – internal

водород (n) – hydrogen

возможность (n) – possibility, opportunity

возможный (adj) – possible, probable

военный (adj) – military

война (n) – war

вооружение (n) – armament/weapon

воспользоваться + instr (v) – to take advantage (of something), to benefit (from something)

восстанавливать/восстановить (v) – to rebuild, restore

восстановление (n) – rebuilding, reconstruction, restoration

впервые (adv) – for the first time

В

вступить/вступить в + acc (v) – to join a political (or military) organization.

выступать/выступить в роли (v) to play the part of

вывеска (n) – street sign

выводить/вывести (v) – to move out, to remove

выгода (n) – benefit, advantage

выгодный (adj) – advantageous, profitable

выдавать/выдать (v) – to issue

выданный (expr) – past passive participle of **выдать** – issued

вызов (n) – challenge

выступать/выступить + **за** + acc (v) – to stand for

Г

газ (n) – gas

газовый (adj) – gas related

гарант (n) – guarantor

гарантия (n) – guarantee

гарантировать (v) – to guarantee

геополитика (n) – geopolitics

глава государства (expr/n) – Head of State

Д

дальнейший (adj) – further, next (figurative way)

дальний (adj) – farthest, remote (physically)

двусторонний (adj) – bilateral

деваться/деться + **от** + gen (v) – to escape from

действовать (v) – to act

действие (n) – action

демографический (adj) – demographic

денежный перевод (n) – money transfer

Д

деятель (n) – activist

деятельность (n) – activity

длина (n) – length

длинный (adj) – long

длиться/продлиться (v) – to last, to continue

до сих пор (expr) – until now

добиваться/добиться (v) – to achieve

добрососедство (n) – good-neighborliness

добывать/добыть (v) – to mine, extract

доверие (n) – trust

доверять/доверить (v) – to trust

довольно (adv) – rather

договариваться/договориться (v) – to agree on something

договор (n) – treaty, agreement

догонять/догнать (v) – to catch up

дополнительный (adj) – additional

дополнять/дополнить (v) – to add

достигать/достичь (v) – to reach

дотация (n) – subsidy (typically from the government)

доход (n) – income

дружба (n) – friendship

дружеский (adj) – friendly

Е

Евразийский Экономический Союз (n) – Eurasian Economic Union

единение (n) – unification

единый (adj) – united, common

Единое экономическое пространство (n) – Common economic space

Ж

желать/пожелать + gen (v) – to wish

желание (n) – intent, wish

З

заваливать/завалить (v) – to oversupply

завершать/завершить (v) – to end

зависеть от + gen (v) – ¬to depend on

зависимость + **от** + gen (v) – dependency (on something)

загранпаспорт (n) – passport for foreign travel

заём (n) – loan

заказывать/заказать (v) – to order, to commission

заказ (n) – order, request

заключать/заключить (v) – to conclude, to make (an agreement)

заключение (n) – concluding, conclusions

закупка (n) – a large purchase

занимать/занять (v) – to borrow

заплата (n) – wage, salary

зарабатывать/заработать (v) – to earn

запредельный (adj) – overwhelming

запустение (n) – neglect, abandonment

зарождаться/зародиться (v) – to emerge, to appear

заселять/заселить (v) – to populate

затрагивать/затронуть (v) – to touch upon

защищать/защитить (v) – to defend, to protect

защита (n) – defense, protection

заявление (n) – statement/declaration

заявлять/заявить (v) – to declare, to state

З

зерно (n) – grain

знак (n) – sign

знаменитый (adj) – famous

знание (n) – knowledge

значительный (adj) – considerable

И

иго (n) – yoke (oppression)

издавать/издать (v) – to publish

имени + gen (expr) – named after

именно (adv) – exactly, precisely

импортировать (v) – to import

иначе (adv) – differently, otherwise

инвестировать в + acc (v) – to invest in (something)

инвестиция (n) – investment

инновация (n) – innovation

«Исламское государство» (ИГ) (n) – Islamic State

итог (n) – result, summary

К

касаться + gen (v) – to concern

качество (n) – quality

ключевой (adj) – key

князь (n) – prince

количество (n) – quantity

коллега (n) – colleague

коренной житель (expr) – indigenous inhabitants

крах (n) – collapse

К

кредит (n) – credit

кредитовать (v) – to give credit

крепкий (adj) – strong

кризис (n) – crisis

кризисный (adj) – crisis related

кроме + gen (expr) – besides

курорт (n) – resort

Л

летать (v) – to fly (multidirectional, imperfective)

лететь (v) – to fly (unidirectional, imperfect)

личный (adj) – personal

льгота (n) – privilege, perk, benefit

М

маршрут (n) – route

медицинский (adj) – medical

между (adv, prep) – between

международные отношения (n, expr) – international relations

межконтинентальная баллистическая ракета (n) – Intercontinental Ballistic Missile

менталитет (n) – mindset

меры (n, pl) – measures

местный (adj) – local

Министерство внутренних дел (МВД) (n) – Ministry of Internal Affairs

Министерство иностранных дел (МИД) (n) – Ministry of Foreign Affairs

Министерство промышленности и торговли (n) – Ministry of Industry and Trade

молодёжь (n) – young people (collective term)

М
молодёжный (adj) – related to young people

молочный (adj) – dairy

мясной (adj) – meat related

Н
на деле (expr) – in reality

нагрузка (n) – load

надвигающийся (adj) – impending, approaching

найти работу (expr) – to get a job

нападать/напасть на + acc (v) – to attack

наращивание (n) – building up, growing

народ (n) – people

нарушать/нарушить (v) – to violate, to break

невмешательство (n) – non-interference

неоднозначный (adj) – ambiguous, unclear (literal – with more than one meaning)

несмотря на + acc (expr) – in spite of

несчастный случай (expr) – accident

нормализация (n) – normalization

нынешний (adj) – current, present

О
обделять/обделить + instr (v) – to be deprived, to not have enough

обеспечивать/обеспечить (v) – to supply

обещать/пообещать (v) – to promise

обещание (n) – a promise

область (n) – sphere, region

обменивать/обменять + acc (v) – to exchange

обмен (n) – exchange

образование (n) – education

обращаться/обратиться за + acc (v) – to turn for something

обсуждать/обсудить (v) – to discuss

обсуждение (n) – discussion

общение (n) – contacts/interaction

общаться/пообщаться + inst (v) – to communicate

объединять/объенить (v) – to unite (political)

объясняться/объясниться (v) – to communicate, to make oneself understood

ожидание (n) – expectation

ожидать (v) – to expect

оплачивать/оплатить (v) – to pay off

опрос (n) – survey/polls

организовывать/организовать (v) – to organize

ориентироваться на + acc (v) – to look up to, to get close to

оружие (n) – weapons

осаждать/осадить (v) – besiege

Османская Империя (n) – Osman/Ottoman Empire

особенный (adj) – special

особый (adj) – special

оставаться/остаться (v) – to remain

отделять/отделить (v) – to separate

отечественный (adj) – from one's country, local, domestic

откровенный (adj) – sincere, candid

отменять/отменить (v) – to cancel

отмечать/отметить (v) – to note

отношение + **к** + dat (expr) – attitude towards

О

отношения (n, pl) – relations

оценивать/оценить (v) – to evaluate, to assess

очевидный (adj) – obvious

очередной (adj) – next in sequence

П

партия (n) – a political party

партийный (adj) – party related

партнёрство (n) – partnership

пенсия (n) – pension

пенсионер/-ка – pensioner

переводить/перевести (v) – to transfer

переговоры (n, always plural) – negotiations

перегонять/перегнать (v) – to surpass/to overtake

передача (n) – a transfer, a television program

перезагружать/перезагрузить (v) – to reboot/restart

перезаселять/перенаселение (v) – to overpopulate

перезаселение (n) – overpopulation

переселять/переселить (v) – to resettle

переселение (n) – resettlement

(пере)распределять/(пере)распределить (v) – to (re)distribute

(пере)распределение (n) – (re)distribution

перспектива (n) – prospect, future

по случаю + gen (expr) – on the occasion of

повестка дня (expr) – agenda

поддерживать/поддержать (v) – to support

поддержка (n) – support

подписывать/подписать (v) – to sign

подтверждать/подтвердить (v) – to confirm

подчёркивать/подчеркнуть (v) – to empathize, to underscore

поездка (n) – trip, journey

позади (adv) – behind

позволять/позволить (v) – to allow

поиск работы (expr) – job search

показатель (n) – index, indicator

покровительство (n) – patronage

покупка (n) – a purchase

полностью (adv) – fully

полный (adj) – full

положение дел (expr) – status, state of affairs

помимо этого (expr) – besides that

помощь (n) – help

порабощать/поработить (v) – to enslave

порабощённый (past participle) – enslaved

порождать/породить (v) – to generate

порой (adv) – sometimes, occasionally

посещать/посетить (v) – to visit

последовательно (adv) – consistently

последствие (n) – consequence

последующий (adj) – subsequent, following

поставлять/поставить (v) – to supply

поставка (n) – supply

постановление (n) – ruling, decree

П **постсоветский** (adj) – post-Soviet

потеря (n) – a loss

поток (n) – flow, stream

потреблять/потребить (v) – to consume

потребитель (n) – consumer

похож/-а/-е/-и + **на** + acc (expr) – To look like something, to resemble

правительство (n) – government

правление (n) – rule

правитель (n) – ruler

право (n) – a legal right, law (as an academic subject)

праздновать/отпраздновать (v) – to celebrate

праздноваться (v) – to be celebrated

праздник (n) – holiday, celebration

председатель (n) – Chairman

представлять собой (expr) – to be like (formal usage)

преимущество (n) – advantage

преобладать (v) – to prevail

преодолевать/преодолеть (v) – to overcome

при этом (expr) – at the same time

привычка (n) – habit

привычно (adj) – habitually

привыкать/привыкнуть + к + dat (v) – to get accustomed

приданое (n) – a dowry

приезжая – (imperfective gerund of **приезжать** (when) – arriving

принимать/принять (v) – to adopt, to accept, to receive (a person)

присоединение (n) – joining

присоединять/присоединять (v) – to join

присоединяться/присоединиться + **к** + dat (v) – to join (in reference to countries and people)

причина (n) – reason, cause

проводить/провести (v) – to conduct, to carry out

провозглашать/провозгласить (v) – to declare

провозглашение (n) – declaration/proclamation

продолжать/продолжать (v) – to continue

производство (n) – production, manufacturing

производить/произвести (v) – to produce, to manufacture

происходить/произойти (v) – to happen, to occur

промышленный (adj) – industrial

промышленность (n) – industry

прорыв (n) – breakthrough

просить/попросить (v) – to ask a favor

просьба (n) – a request

пространство (n) – space, area

протест (n) – protest

протестовать/запротестовать (v) – to protest

протестующий (n) – a protester

противодействовать + dat (v) – to counteract

противодействие + dat (n) – counterattacking

противоречие (n) – contradiction

противоречить + dat (v) – to contradict

прошлое (n) – past

проявлять/проявить (v) – to display

пшеница (n) – wheat

Р

работоспособный (adj) – able to work

равноправие (n) – equality

равноправный (adj) – equal, having the same rights

радикальный (adj) – fundamental, radical

развивать/развить (v) – to develop

развитие (n) – development

распад (n) – disintegration, collapse

расследовать (v) – to investigate

расследование (n) – investigation

рассчитывать/расчитать (v) – to calculate, to count upon

расти/вырасти (v) – to grow

рост (n) – growth, an increase

расход (n) – expense

расширение (n) – expansion

расширять/расширить (v) – to expand

реальность (n) – reality

реальный (adj) – real

региональный (adj) – regional

реплика (n) – remark/phrase

ресурс (n) – a resource

решать/решить (v) – to resolve, to decide

решение (n) – solution, decision

ровный (adj) – even, steady, smooth

роль (n) – a role

рынок (n) – market

рыночная экономика (n) – a market economy

рыночный (adj) – market related

C

самый дешёвый (adj, superlative) – the cheapest

свобода (n) – freedom

свободный (adj) – free, vacant

своеобразный (adj) – peculiar, unusual

связь (n) – connection, link

сгружать/сгрузить (v) – to demand

середина (n) – middle

сила (n) – strength, force

сильный (adj) – strong

следовательно (adv) – therefore

следовать/последовать (v) – to follow

след (n) – track

следователь (n) – investigator

следствие (n) – investigation

случай (n) – occasion

случайный (adj) – accidental

снижать/снизить (v) – to lower, to decrease

снижение (n) – a decrease

событие (n) – an event

совместный (adj) – joint

совместное предприятие (n) – joint venture

совпадение (n) – coincidence

совсем (expr) – not in the least, not at all

соглашение (n) – agreement

содействие + dat (n) – cooperation

содействовать + dat (v) – to contribute, support

C

соединять/соединить (v) – to connect (technical)

сообщать/сообщить (v) – to inform, to communicate

состояться (v) – to take place

сотрудничество (n) – cooperation

сотрудничать (v) – to cooperate, to collaborate

сотрудник (n) – a male employee

сотрудница (n) – a female employee

сотрудничество (n) – cooperation

Союз Советских Социалистических Республик (СССР) – The Union of Soviet Socialist Republics

спрашивать/спросить (v) – to ask for information

стабильность (n) – stability

стабильный (adj) – stable

ставить в сложное/трудное положение (expr) – to put in a difficult/complicated situation

стажировка (n) – internship

стажёр (n) – intern, trainee

столько (adv) – so much

сторона (n) – side, party

стратегия (n) – strategy

стратегический (adj) – strategic

строить/построить (v) – to build

строительство (n) – construction

стройка (n) – construction site

существование (n) – existence

существовать (v) – to exist

так называемый (adj) – the so-called

тактическое оружие (n) – tactical weapons

Таможенный Союз (n) – Customs Union

таможня (n) – Customs

таможенник (n) – Customs Officer

те же (expr, plural) – the same

темп (n) – rate, pace

терять/потерять (v) – to lose

тесный (adj) – close, tight

товар (n) – merchandise, goods

товарный (adj) – goods related

товарный поезд (n) – goods train

тогдашний (adj) – at that time, then

торговать + instr (v) – to trade

торговля (n) – trade

торговый (adj) – commercial

торговый оборот (expr) – trade turnover

точка зрения (expr) – point of view

тратить/потратить (v) – to spend

требование (n) – demand, requirement

требовать/потребовать (v) – to demand, to require

туда и обратно (билет) (n) – a round trip ticket

углеводород (n) – carbohydrate

уголь (n) – coal

угрожать (v) – to threaten

У

угроза (n) – a threat

укреплять/укрепить (v) – to strengthen

укрепление (n) – strengthening

управлять (v) – to manage, to supervise

управление (n) – management

урегулировать (v) – to resolve, to settle

урегулирование (n) – resolution, settlement

уровень жизни (expr) – living standards

уровень (n) – level

усилие (n) – effort

условие (n) – condition

устройство на работу (expr) – job search

устраиваться (v) **на работу** (expr) – to look for a job

устроиться (v) **на работу** (expr) – to get a job

усыновление (n) – adoption

утрачивать/утратить (v) – to lose (formal usage)

участник (n) – a participant

участвовать/поучаствовать (v) – to participate

учёт (n) – consideration

учитывать/учесть (v) – to take into consideration

Ф

ферма (n) – farm

фермер (n) – farmer

фонд (n) – foundation (financial)

формально (adj) – formally

формальный (adj) – formal

формировать/сформировать, формироваться/сформироваться (v) – to be formed, created

форма (n) – shape, form

христианство (n) – Christianity

христианин (n) – a male Christian

христианка (n) – a female Christian

целостность (n) – integrity (territorial)

частный (adj) – private

часть (n) – part, segment

широкий (adj) – wide

экология (n) – ecology

экологический (adj) – ecological

экономика (n) – economics

экономический (adj) – economic, related to the economy

экономичный (adj) – thrifty, economical

экономить/сэкономить (v) – to save

энергия (n) – energy

энергетический (adj) – energy related

энергоресурсы (n, pl) – energy resources

этап (n) – phase, period

ядерное оружие (n) – nuclear weapons

Geographic Names

Алма-Ата (n) – Almaty

Армения (n) – Armenia

Астана (n) – Astana

Афганистан (n) – Afghanistan

Беларусь (n/f) – Belarus

Бишкек (n) – Bishkek

Ближний Восток (n) – The Middle East

Будапешт (n) – Budapest

Грузия (n) – Georgia

Душанбе (n) – Dushanbe

Евразия (n) – Eurasia

Египет (n) – Egypt

Иран (n) – Iran

Казань (n) – Kazan

Казахстан (n) – Kazakhstan

Киргизия (n) – Kyrgyzstan

Китай (n) – China

Крым (n) – Crimea

Сирия (n) – Syria

Таджикистан (n) – Tajikistan

Тегеран (n) – Tehran

Турция (n) – Turkey

Узбекистан (n) – Uzbekistan

Украина (n) – Ukraine

Шанхай (n) – Shanghai

ГЛАВА 3. ПОЛИТИЧЕСКАЯ ЖИЗНЬ

Тема 1. Россия Путина глазами россиян
    Для информации. Опрос
    Лексика и грамматика
- «При» + prepositional case
- Past Active Participle
- Едва-related expressions
- Expressions with «-то»
- Positioning Verbs in Russian
- Talking about success using «удаваться» + infinitive
- The use of the prefix «пере»
- Conditional Phrases
- Both...and...construction in Russian
- Expressing necessity with «приходится» + infinitive

    Вопросы к теме
    Для информации. В.В. Путин, президент РФ

Тема 2. Демонстрации протеста после выборов
    Лексика и грамматика
    Вопросы к теме
    Дополнительная информация. По каким правителям скучают россияне?
    Каково ваше отношение к... ?
    Лексика и грамматика
- Lying Related Words

    Тема для обсуждения. Нужен ли России царь?
    Лексика и грамматика
- The monarchy-related words
- The suffix «-ик» to describe occupations
- Dividing and sharing verbs
- Expressing opinions (summary)

    Вопросы к теме
    Express It In Russian
    Chapter Three Topical Vocabulary
    Expressions
    Acronyms
    Proper Names

Глава 3. Политическая жизнь

ТЕМА 1. РОССИЯ ПУТИНА ГЛАЗАМИ РОССИЯН

Россияне

Главный редактор Московского бюро Русской службы Би-би-си читает, что при[1] Владимире Путине Россия изменилась, и едва ли кто-то[2] будет спорить[3] с этим. Разногласия[4] начинаются, когда задаётся другой вопрос – «Как?»

Для своих сторонников[5] Путин – символ политического и экономического возрождения[6] России, вернувший[7] ей внутреннее единство[8], международный престиж и чувство национальной гордости.

Для критиков-либералов Путин – это человек, который поставил под жесткий контроль[9] средства массовой информации[10], перераспределил[11] собственность[12] в пользу[13] людей из своего ближнего круга[14], испортил[15] отношения с ближайшими соседями и с Западом и ввел в оборот[16] неосоветскую риторику и идеологию.

Для оппонентов слева президент – защитник[17] новых богачей[18], фальшивый[19] националист, фактический наследник[20] и продолжатель[21] ельцинской* эпохи[22].

Главный же успех Владимира Путина как политика – это то, что он действительно[23] стал выразителем[24] интересов большинства[25]. Ему удалось[26] перевоплотиться[27] во всероссийского Ивана Ивановича Иванова, не богатого, но и не нищего[28], с некоторым образованием, но без интеллектуальных претензий[29], не коммуниста, но и не либерала.

1. under/in the lifetime of
2. hardly anybody
3. argue
4. disagreements
5. supporters
6. revival
7. who brought back
8. internal unity/integrity
9. put under strict control
10. mass media
11. redistributed
12. property
13. in favor of
14. close circle
15. ruined/spoiled
16. brought into circulation
17. defender
18. the new Rich
19. false, fake
20. heir   21. successor
22. the Yeltsin era
* Boris Yeltsin was the first president of the Russian Federation, the successor state to the Soviet Union
23. really, indeed
24. the embodiment
25. of the majority
26. he managed, succeeded
27. to turn into
28. beggar
29. intellectually ambitious

Глава 3. Политическая жизнь

По словам депутата Государственной думы, «Путин нравится, потому что ему удается сочетать[30] европейские взгляды[31] на прогресс с патриотизмом». Это тот образ[32], который поддерживает[33] и государственное телевидение.

Оппоненты Кремля указывают на то[34], что это только образ, и что на деле[35] в стране растет коррупция, а судебная [36] система не способна[37] обеспечить правосудие[38].

Однако именно умение[39] сформулировать[40] интересы большинства или выразить их за него оказалось[41] главным политическим оружием[42] Путина в борьбе с оппонентами. Даже если бы выборы[43] в России были безупречными[44] по честности[45], Путин и его сторонники все равно[46] побеждали[47] бы на них. С этим придется считаться[48] и его преемнику[49], и оппозиции – как справа, так и слева.

На недавнем заседании Валдайского клуба* Владимир Путин заявил, что не исключает[50] для себя возможности снова баллотироваться[51] на пост.

Теперь все уверены, что в 2018 г. Владимир Путин сам будет кандидатом в президенты. Однако среди госдеятелей[52] и политиков, есть и другие возможное кандидаты. Социологи изучали, как население оценивает[53] деятельность[54] президента.

По данным[55] Фонда «Общественное мнение[56]», его работа оправдывает ожидания[57] большинства. По поводу[58] возможного 4-го срока президента[59], по данным «Левада-центра», мнение граждан не так однозначно[60].

30. to combine
31. views, ideas
32. image, symbol
33. supports
34. point to the act that
35. in reality
36. loyal
37. is incapable
38. to provide justice
39. knowing how, the skill
40. to define, to formulate
41. proved to be, turned out to be
42. weapon
43. the elections
44. impeccable
45. in fairness
46. would still, nevertheless
47. win
48. will have to take into consideration
49. successor

*A club of known experts in the study of Russian foreign and domestic policy. The main objective of the club is to improve the image of Russia abroad and discuss topical issues of world politics and the economy.

50. rule out
51. run (for presidency)
52. statesmen
53. evaluates
54. the record, the performance
55. according to the data
56. public opinion
57. meets the expectations
58. regarding
59. presidential term
60. unanimous

Глава 3. Политическая жизнь

Для информации. Опрос

Опрос

Кого бы вы хотели видеть на посту Президента России после выборов 2018 г.?

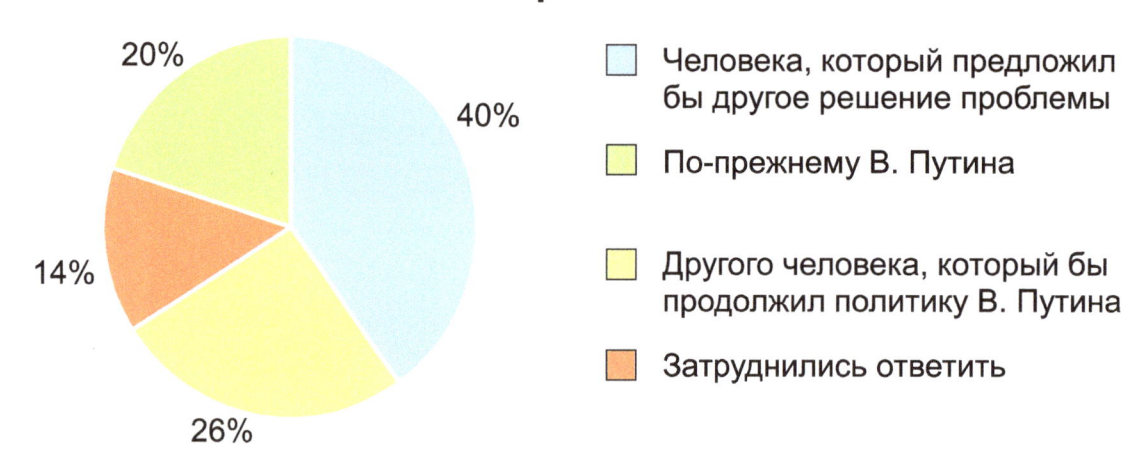

- 40% — Человека, который предложил бы другое решение проблемы
- 20% — По-прежнему В. Путина
- 26% — Другого человека, который бы продолжил политику В. Путина
- 14% — Затруднились ответить

Соответствует ли деятельность В. Путина тому, что лично вы ожидали от него год назад?

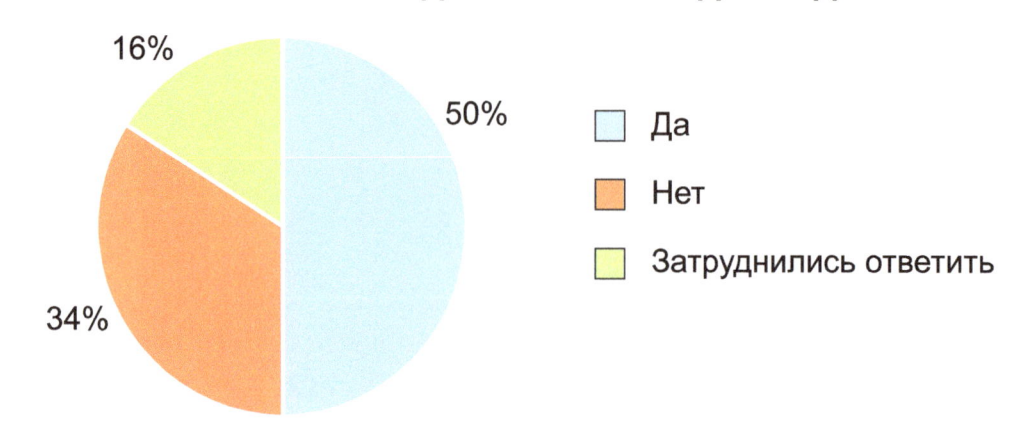

- 50% — Да
- 34% — Нет
- 16% — Затруднились ответить

160

Глава 3. Политическая жизнь

Лексика и грамматика

✎ «При» + prepositional case

При followed by a noun in the Prepositional Case translates as under (the rule of) or, in the life time of someone (typically famous), or under some political system.

> e.g. *при Путине* – under Putin
>
> *при коммунизме* – under Communism

спорить/поспорить (v) – to argue

    спор (n) – an argument, a debate

разногласие (n) – a difference in opinion

сторонник (n) – a supporter

    сторонница (n) – a female supporter

    сторона (n) – a side

возрождение (n) – revival, rebirth

    рождение (n) – birth

    возрождать/возродить (v) – to revive

вернувший – who fought back
(Past Active Participle of **вернуть**)

✎ Past Active Participle

Does not exist in English. Translates as who + past tense verb. Formed by adding **-вший/-вшая/-вшие** to the stem of the perfective verb.

> e.g. *Студент/-ка/-ы купивший/-ая/-ие машину.*
> Student (m,f, pl) who bought a car.

✎ Едва-related expressions

Едва is typically followed by a verb and translates as hardly/barely/with difficulty

> e.g. *Он едва закончил школу.*
> He hardly finished school.

Едва не translates as almost/nearly.

> e.g. *Он едва не опоздал на встречу.*
> He was almost late for the meeting.

Едва ли typically starts a sentence and expresses a strong doubt.

> e.g. *Едва ли он меня узнает.*
> It is unlikely that he will recognize me.

Едва... как translates as at the moment when/just as

> e.g. *Едва он вышел из дома, как пошёл дождь.*
> The moment he left home, it started raining.

✎ Expressions with «-то»

кто-то – someone
что-то – something
когда-то – some day
как-то – somehow
где-то – somewhere
почему-то – for some reason

In questions, **-то** is replaced for **-нибудь**

> e.g. *Кто-нибудь знает, где Иван?*
> Does anybody know where Ivan is?

-нибудь is also used in emphatic phrases

> e.g. *Сделай что-нибудь!*
> Do something! (whatever you can!)
>
> *Поедем куда-нибудь!*
> Let's go somewhere (wherever)!

Глава 3. Политическая жизнь

ставить/поставить (v) – to put

> ✏️ **Positioning Verbs in Russian**
> The verb **ставить/поставить** is used to describe placing things vertically
> e.g. *Иван поставил телевизор на стол.* – Ivan put the T.V. set on the desk
> (**Я ставлю... они ставят**)
> The verbs **класть/положить** are used to describe placing things horizontally
> e.g. *Иван кладёт газету на стол.* – Ivan is putting a newspaper on the desk.
> (**Я кладу... они кладут**)
> As a result, *телевизор стоит на столе*, but, *газета лежит на столе*

жёсткий (adj) – strict, rigid, tough

    жёсткость (n) – toughness, strictness

    жестокий (adj) – cruel, ruthless

    жестокость (n) – cruelty

средства массовой информации (СМИ) (expression) – mass media

распределять/распределить (v) – to distribute

    распределение (n) – distribution

    распределитель (n) – distributor

делить/поделить (v) – to divide

собственность (n) – property

польза (n) – use, benefit

    полезный (adj) – useful

    в пользу + gen (expression) – in favor of

круг (n) – circle

    ближний круг (=**близкий**) – close circle. (**ближайший** – irregular superlative)

портить/испортить (v) – to spoil, ruin

вводить/ввести (v, imp) **в оборот** (expr) – to bring into circulation

    <u>**вводить**</u>: **я ввожу... они вводят**

    ввести (v, pf): **ввёл** (m), **ввела** (f), **ввели** (pl)

Глава 3. Политическая жизнь

защита (n) – defense, protection

    защитник (n) – defender

    защищать/защитить (v) – to defend / to protect

богач (n) – a wealthy man

    богатый (adj) – wealthy, rich

    богатство (n) – wealth, riches

фальшивый (adj) – false

наследник (n) – an heir (inheritor)

    наследство (n) – inheritance, legacy

    наследовать/унаследовать (v) – to inherit

продолжать/продолжить (v) – to continue

    продолжатель (n) – successor, follower

эпоха (n) – epoch

ельцинский (adj) – related to Boris Yeltsin.

действительно (adv) – really, indeed

выражать/выразить (v) – to express

    выразитель (n) – embodiment, mouthpiece

большинство (n) – majority

    меньшинство (n) – minority

ему удалось – he managed to...

✏️ **Talking about success using «удаваться» + infinitive**

To say that someone succeeded in doing something, use the verb удаваться/удаться preceded by the name of that person in the Dative Case. In the Present Tense, use **мне**, **тебе**, etc... **удаётся** + infinitive.

e.g. *Ему всегда удаётся находить хорошую работу.* – He always manages to find an interesting job.

In the Past Tense, use the form **удавалось** for imperfective and **удалось** for perfective.

e.g. *Ей часто удавалось находить хороших друзей.* – She often succeeded in finding good friends.
Мне не удалось получить стипендию. – I did not succeed in receiving a grant.

In the Future Tense, use the form **удастся**.

e.g. *Может быть, им удастся подписать договор.* – Maybe, they will manage to sign an agreement.

Глава 3. Политическая жизнь

перевоплощаться/перевоплотиться (v) – to turn into, lit. to reincarnate into

> ✏️ **The use of the prefix «пере»**
>
> The prefix **пере-** is often used to describe repetitive actions and is expressed with **–re**
>
> > e.g. *перечитать* – to reread
> > *переделать* – to redo
> > *пересказать* – to retell
>
> It may also describe travelling across.
>
> > e.g. *перелететь* – to fly across
> > *переплыть* – to sail over
> > *переходить (улицу)* – to cross the street

нищий (adjectival noun) – a beggar

    нищета (=бедность) (n) – poverty, misery

претензия (n) – claim, ambition

сочетать (v, imp.) – to combine

    сочетание (n) – combination

взгляд (n) – view, glance

образ (n) – image

поддерживать/поддержать (v) – to support

    поддержка (n) – support

указывать/указать (n) – to indicate

    указатель (n) – an indicator

    указ (n) – a decree

на деле (expression) – in reality

суд (n) – court, trial (legal term)

    судебный (adj) – court related

    правосудие (n) – justice

умение (n) – know how, a skill

    уметь/суметь (v) – to know how

способен/-бна/-ны (short adjective of способный) – capable

> ✏️ **«Оказываться/оказаться»**
>
> **Оказываться/оказаться** (v) + instr. – to prove to be/turn out to be
>
> > e.g. *Он оказался преступником.*
> > He turned out to be a criminal.
>
> When followed by the Prepositional case, it translates as to find oneself somewhere
>
> > e.g. *Утром он оказался в Москве.*
> > In the morning he found himself in Moscow.

Глава 3. Политическая жизнь

выборы (n, pl) – elections

безупречный (adj) – impeccable, perfect

честность (n) – honesty

    честный (adj) – honest

побежать/победить (v) – to win

    победа (n) – victory

✏️ **Conditional Phrases**

Use verbs in the Future Tense to form Real Conditions.

    e.g. *Если будет хорошая погода, мы поедем в парк.*
If the weather will be fine, we will go to the park.

Use verbs in the Past Tense preceded by **–бы**, to form the Semi-real or Unreal condition.

    e.g. *Если бы была хорошая погода, мы бы поехали в парк.*
If the weather had been fine, we would have gone to the park.

✏️ **Expressing necessity with «приходится» + infinitive**

Придётся + verb in the infinitive form – Will have to...

    e.g. *Ему придётся остаться дома.*
He will have to stay at home.

Приходится + verb in the infinitive form – have (has) to...

    e.g. *Ему приходится работать каждый день.*
He has to work every day.

Пришлось + verb in the infinitive form – had to...

    e.g. *Им пришлось ждать.*
They had to wait.

считаться с + instr. (v) – to take into account

    e.g. *Министр считается с оппозицией.* – The minister takes into account the opposition.

приемник (n) – successor

✏️ **Both...and...construction in Russian**

To say "both... and" or "as well as" in Russian use either **и...и** or **как...так...и**

    e.g. *Он и инженер и механик.*
He is both an engineer and a mechanic.

    e.g. *Он как политик, так и бизнесмен.*
He is both a politician and a businessman.

общественное мнение (expr) – public opinion

срок (n) – term

оправдывать /оправдать (v) – to justify

ожидание (n) – expectation

однозначный (adj) – unanimous

затрудняться/затрудниться (v) – to find it difficult

исключать/исключить (v) – to exclude

баллотироваться на пост (expr) – to run for a political post

госдеятель (n) = **государственный деятель** – statesman, public figure

    деятельность (n) – activities, record

оценивать/оценить (v) – to evaluate

данные (n) – data

    по данным (expr) – according to the data

фонд (n) – foundation

Глава 3. Политическая жизнь

Вопросы к теме

1. Изменилась ли Россия при Путине?

2. Что думают сторонники Путина?

3. Что думают критики и оппоненты Путина?

4. Как вы думаете, какие шансы Путина победить на следующих выборах?

Глава 3. Политическая жизнь
Для информации. В.В. Путин, президент РФ

Владимир Владимирович Путин

- Родился 7 октября 1952 года в Ленинграде.

- В 1975 году закончил юридический факультет[1] Ленинградского государственного университета.

- Был направлен[2] на работу в органы государственной безопасности. В 1985–1990 годах работал в ГДР[3].

- С 1990 года – помощник[4] ректора Ленинградского государственного университета по международным вопросам.

- С июня 1991 года – председатель Комитета по внешним связям мэрии[5] Санкт-Петербурга. С 1994 года – первый заместитель председателя[6] правительства Санкт-Петербурга.

- С мая 1998 года – первый заместитель Руководителя Администрации президента Российской Федерации.

- В июле 1998 года назначен директором Федеральной службы безопасности Российской Федерации.

1. law department
2. was assigned
3. East Germany (German Democratic Republican)
4. assistant
5. Committee for External Relations of the Mayor's Office
6. deputy chairman

Глава 3. Политическая жизнь

- С августа 1999 года – председатель правительства Российской Федерации.

- С 31 декабря 1999 года – исполняющий обязанности[7] президента Российской Федерации.

- 26 марта 2000 года избран президентом Российской Федерации. Вступил в должность[8] 7 мая 2000 года.

- 14 марта 2004 года избран президентом Российской Федерации на второй срок.

- 8 мая 2008 года указом президента назначен председателем правительства Российской Федерации.

- 4 марта 2012 года избран президентом Российской Федерации.

- Кандидат экономических наук[9].

7. acting
8. took the office
9. PhD in Economics

Глава 3. Политическая жизнь

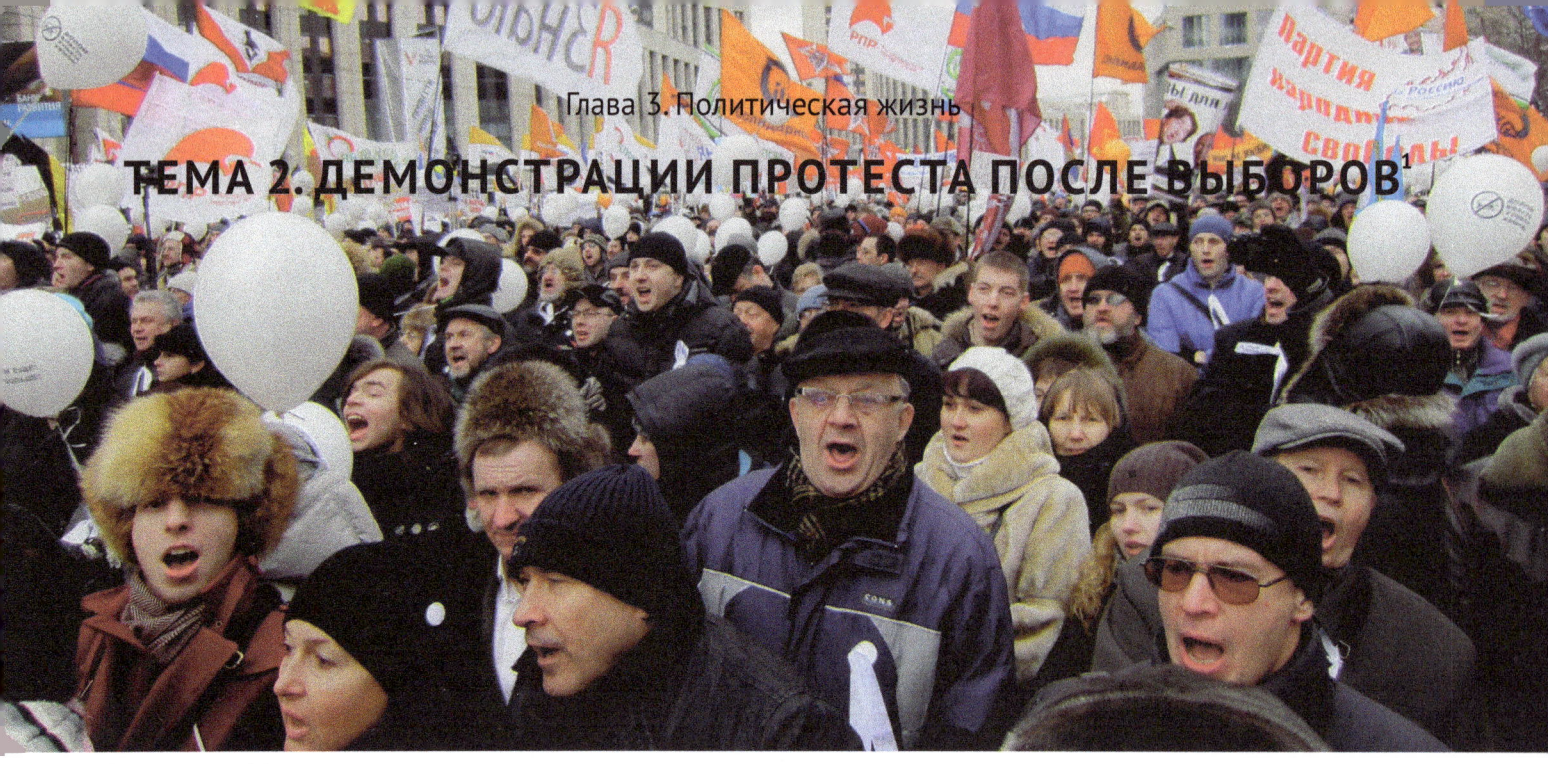

ТЕМА 2. ДЕМОНСТРАЦИИ ПРОТЕСТА ПОСЛЕ ВЫБОРОВ[1]

Протест в Москве

После выборов в Москве и других городах десятки тысяч людей вышли на улицы. Многие считают, что партия власти набрала[2] по стране не более 30-35%. Несанкционированные шествия[3] закончились столкновениями[4] с полицией, около тысячи человек были задержаны[5].

Ничего подобного[6] в России раньше не было. Об участии в акциях люди – в основном молодёжь[7] 18–30 лет – договаривались через социальные сети[8] в Интернете – «Живой Журнал», «Фейсбук», «Твиттер».

В Москве на Лубянской площади состоялся[9] несанкционированный «Марш свободы». Координатор «Левого фронта» Сергей Удальцов назвал эту акцию «моральной победой» оппозиции. На Лубянскую площадь пришли около 5 тыс. человек. Через час после начала акции начались задержания[10]. В целом[11] были задержаны 69 человек.

По сведениям организаторов[12], в Москве в митинге[13] участвовало 85 тыс. чел. В Санкт-Петербурге – 10 тыс., 38 из них были задержаны. В Хабаровске – 51 задержанный из 300 демонстрантов (правда, там митинг не был согласован[14]). Более 5,5 тыс. чел. вышли в Новосибирске, по 5 тыс. – в Самаре и Екатеринбурге, по 4 тыс. – в Нижнем Новгороде и Красноярске, по 3 тыс. – в Томске и Челябинске. А в понедельник на Манежной площади Москвы (до 25 тыс. чел.) митинговала[15] уже «ЕР»[16] под лозунгом[17] «Россия! Путин! Конституция!»

1. elections
2. got, scored
3. unauthorized manifestations
4. clashes, confrontations
5. were arrested, detained
6. similar
7. youth
8. social networks
9. took place
10. arrests, detentions
11. in total
12. according to the organizer's data
13. protest rally
14. was not authorized, agreed upon
15. was protesting
16. the united Russia Party
17. under the slogan

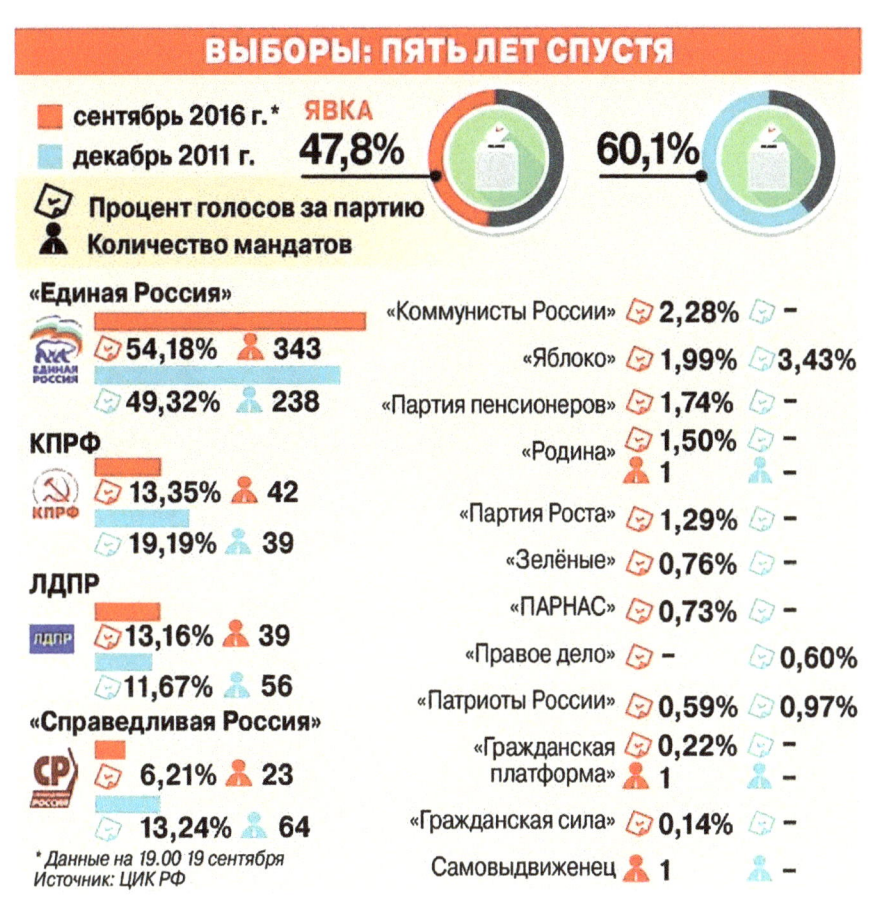

Глава 3. Политическая жизнь

ВЫБОРЫ: ПЯТЬ ЛЕТ СПУСТЯ

- сентябрь 2016 г.*
- декабрь 2011 г.

ЯВКА: 47,8% / 60,1%

Процент голосов за партию
Количество мандатов

«Единая Россия»
- 54,18% — 343
- 49,32% — 238

КПРФ
- 13,35% — 42
- 19,19% — 39

ЛДПР
- 13,16% — 39
- 11,67% — 56

«Справедливая Россия»
- 6,21% — 23
- 13,24% — 64

* Данные на 19.00 19 сентября
Источник: ЦИК РФ

- «Коммунисты России» 2,28% / –
- «Яблоко» 1,99% / 3,43%
- «Партия пенсионеров» 1,74% / –
- «Родина» 1,50% / – ; 1 / –
- «Партия Роста» 1,29% / –
- «Зелёные» 0,76% / –
- «ПАРНАС» 0,73% / –
- «Правое дело» – / 0,60%
- «Патриоты России» 0,59% / 0,97%
- «Гражданская платформа» 0,22% / – ; 1 / –
- «Гражданская сила» 0,14% / –
- Самовыдвиженец 1 / –

Результаты выборов в Думу 2016 году

- Санкт-Петербург — 10 тыс. человек
- Москва — 85 тыс. человек
- Нижний Новгород — 4 тыс. человек
- Екатеринбург — 5 тыс. человек
- Самара — 5 тыс. человек
- Челябинск — 3 тыс. человек
- Томск — 3 тыс. человек
- Красноярск — 4 тыс. человек
- Новосибирск — 5,5 тыс. человек
- Хабаровск — 300 человек

Карта протеста в России после выборов

Глава 3. Политическая жизнь

Лексика и грамматика

Лубянская площадь

выборы (n, pl) – elections

партия власти (expr) – the party in power

набирать/набрать (v) – to score, to get

несанкционированный – unauthorized (past passive participle)

    санкционировать (v, imp) – to authorize, to allow (=**разрешать/разрешить**) (v)

шествие (n, very formal) – procession, march

столкновение (n) – clash, collision

    сталкиваться / столкнуться (v) – to collide

задерживать/задержать (v) – to arrest, to detain

    задержание (n) – arrest (=**арест**)

подобный (adj) – similar, alike

    (=**похожий**)

молодёжь (n, f) – youth, young people

социальная сеть (expr., f) – social network

Лубянская площадь – The Lubyanka Square (a central square of Moscow)

> **Note**
> To say was/were/will be detained, use the following:
> **был/а/и задержан /а/ы**
> **будут задержан/а/ы**

Глава 3. Политическая жизнь

состояться (v, perf) – to take place

e.g. *митинг состоялся* (m, past tense) – a meeting took place

e.g. *встреча состоялась* (f, past tense) – the meeting took place

e.g. *событие состоялось* (n, past tense) – the event took place

e.g. *митинг/встреча/событие состоится* (m,f,n sing, future tense) – will take place

e.g. *переговоры состоятся* (pl, future tense) – the negotiations will take place

BUT! состоять из + gen – to consist of

e.g. *Дума состоит из двух палат.* – The Duma consists in two chambers. (bicameral)

в целом (expr) – in total, on the whole

сведения (pl) – data, information

по сведениям (expr) – according to the data

организатор (n) – organizer

организовывать/организовать (v) – to organize

митинг (n) – protest demonstration

митинговать (v) – to protest (=**протестовать**)

демонстрант (n) – a protester

демонстрация (n) – a demonstration)

ЕР – **Единая Россия** – United Russia (a political party)

лозунг (n) – motto, slogan

под лозунгом (instr) – under the motto/slogan

Political Poster of the United Russia Party

Глава 3. Политическая жизнь

Вопросы к теме

1. Почему после выборов были митинги протеста?

2. Как закончились несанкционированные демонстрации?

3. Как демонстранты договаривались об участии в митинге на Лубянской площади?

4. В каких городах России прошли митинги протеста?

Глава 3. Политическая жизнь

Дополнительная информация. По каким правителям[1] скучают[2] россияне?

Опрос

Рейтинги Путина и Медведева публикуются[3] регулярно, а как россияне относятся[4] к предыдущим[5] правителям? Кто из них самый популярный?

Социологи «Левада-центра» обнаружили[6]...*

По данным социологов[7], россиянам больше всех из бывших[8] правителей страны нравится Брежнев. Телевидение давно это поняло, потому с экранов[9] поют песни советских времён показывают фильмы, сделанные по нормам той эпохи[10], новости, обещающие[11] райскую[12] жизнь когда-нибудь, но не сейчас, и руководство[13] страны, постоянно[14] заботящееся[15] о всех...Даже президент теперь даёт задание[16] правительству на 5-летний срок.

Однако не стоит так упрощать[17] россиян, которые в тысячах писем спрашивают: где чувство безопасности? Где уверенность[18] в завтрашнем дне[19]? Именно это было основой эпохи Брежнева. Потому люди долго мирились[20] с дефицитом[21], враньём[22] на всех уровнях[23], с «железным занавесом[24]». Так что совсем не по Леониду Ильичу скучают люди...

(*see on the next page)

1. rulers
2. are nostalgic
3. are published
4. feel about
5. previous/proceeding
6. found out
7. according to the sociological data
8. former
9. on T.V. Screens
10. epoch
11. promising
12. Paradise like
13. leadership
14. constantly
15. take care of us
16. task/assignment
17. simplify
18. confidence
19. immediate future
20. put up with
21. shortages
22. lies
23. at every level
24. "Iron Curtain"

Глава 3. Политическая жизнь

Каково ваше отношение[25] к... ?

Л. Брежневу
✓ 59%
✗ 29%

В. Ленину
✓ 55%
✗ 28%

И. Сталину
✓ 50%
✗ 49%

Николаю II
✓ 48%
✗ 21%

Б. Ельцину
✓ 22%
✗ 64%

М. Горбачёву
✓ 22%
✗ 66%

✓ = положительное, скорее положительное[26]

✗ = отрицательное, скорее отрицательное[27]

25. attitude toward
26. rather positive
27. rather negative

Глава 3. Политическая жизнь

Лексика и грамматика

правитель (n, m) – ruler

скучать по + dat – to miss somebody/something, to be nostalgic about

    e.g. *Иван скучает по Москве* – Ivan is missing Moscow

публиковать/опубликовать (v) – to publish

    публикуются – are published

относиться к + dat (v) – to feel about somebody/something

    отношение к + dat (n) – attitude towards somebody/something

    e.g. *Как вы относитесь к реформе?* – How do you feel about the reform?

    Моё отношение к реформе – негативное. – My attitude towards the reform is negative.

предыдущий (adj) – past/previous

    (=**прошлый**)

обнаруживать/обнаружить (v) – to find out

положительный (adj) – positive

    (=**позитивный**)

отрицательный (adj) – negative

    (=**негативный**)

данные (n, pl) – data

социология (n) – sociology

    социолог (n) – sociologist

бывший (adj) – former

экран (n) – screen

норма (n) – norm, standard

    по нормам – according to the norms/standards

эпоха (n) – epoch

> ✏️ «Сделанные»
>
> **Сделанные** – past passive participle of **сделать** – to make/do
>
> Delete **-ть**, add **-нный**
>
> **сделанный -ая/-ое/-ые**

обещать/пообещать (v) – to promise

рай (n) – paradise

    райский (adj) – paradise like, heavenly

ад (n) – hell

    адский (adj) – hellish

когда-нибудь (exp) – someday

руководство (n) – leadership

    руководить (v, imp) – to lead

    руководитель (n) – leader

постоянный (adj) – constant

заботиться/позаботиться + **о** + prep (v) – to take care of

упрощать/упросить (v) – to simplify

    простой (adj) – simple

уверенность (n) – confidence

уверенный (adj) – confident

    уверенность в завтрашнем дне (exp) – confidence in the future

мириться + **с** + instr. (v/imp) – to put up with/tolerate

дефицит (n) – shortage

враньё (n) – lying

> ✏️ **«Обещающие»**
> Обещающие – present active participle (pl) of обещать – promising
> они обеща**ют** – delete -т, add -щий
> обещающий/-яя/-ее/-ие

> ✏️ **«Врать/со(на)врать»**
> я вру
> ты врёшь
> он/она врёт
> мы врём
> вы врёте
> они врут

> ✏️ **«Лгать/солгать»**
> я лгу
> ты лжёшь
> он/она лжёт
> мы лжём
> вы лжёте
> они лгут

> ✏️ **Lying Related Words**
> **врать/со(на)врать** (v) – to lie (informal)
> **лгать/солгать** (v) – to lie (formal)
>   **ложь** (n,f) – a lie (formal)
>   **лгун/-ья** – liar (more formal)
> **обманывать/обмануть** (v) – to deceive
>   **обман** (n) – deceit
>   **обманщик/-щица** (n) – deceiver

уровень (n, m) – level

железный занавес (exp) – Iron Curtain. The hypothetical border that separated the Soviet Bloc from Western Europe.

Глава 3. Политическая жизнь

Тема для обсуждения. Нужен ли России царь?[1]

Герб Российской империи

Писатель и историк Дмитрий Володихин считает, что возвращение монархии[2], будет благом[3] для России. На его взгляд, монархическая форма правления более надёжна[4], чем демократическая.

Автор за монархию, при которой власть опирается[5] не на международные правила[6] и законы, не на Конституцию, а на христианскую этику[7] и потребности[8] народа.

Российским императором может стать только русский православный человек. Выбор между конкретными претендентами должен будет сделать представительный орган русской православной церкви.

В манифесте «Право и правда» кинорежиссёр[9] Никита Михалков предлагает: усилить[10] законность[11] и госбезопасность[12], поднять[13] благосостояние[14] граждан и привить[15] им чувство гордости[16] за свою страну и истинную[17] российскую культуру. Для того чтобы воплотить[18] эти проекты в жизнь, Россия должна превратиться[19] в Континентальную империю[20]. Власть в империи будет сильной рукой назначать[21] губернаторов[22] и мэров[23] крупных городов. Партий останется всего три: консервативная, либеральная и социалистическая.

Никита Михалков убеждён[24], что объединение[25] возможно в первую очередь на религиозной платформе. Мнения[26] по поводу документа разделились[27].

1. tsar/emperor
2. bringing back the monarchy
3. will be beneficial
4. reliable
5. is based upon
6. International rules
7. Christian ethics
8. needs
9. film director
10. strengthen
11. rule of law, lawfulness
12. state security
13. raise
14. well being
15. to instill
16. pride
17. true, real
18. to implement
19. turn into, become
20. empire
21. appoint
22. governors
23. mayors
24. is convinced
25. unification
26. opinions
27. were split

Глава 3. Политическая жизнь

Лексика и грамматика

возвращение (n) – return

возвращать/возвратить (v) – to return, bring back

монархия (n) – monarchy

    монарх (n) – monarch

    монархический (adj) – related to the monarchy

благо (n) – benefit

    будет благом (instr) = **будет позитивным**

надёжный (adj) – reliable

опираться/опереться (v) – to rely on, to lean upon

    опора (n) – support

правило (n) – rule

этика (n) – ethics

    этический (adj) – ethical

потребность (n) – need

кинорежиссёр (n) – film director

усиливать/усилить (v) – to strengthen

законность (n) – rule of law, lawfulness

    закон (n) – a law

    право (n) – a legal right

госбезопасность (n) – state security

поднимать/поднять (v)

    <u>syn</u>: **повышать/повысить** – to raise

благосостояние (n) – well-being

    состояние (n) – condition

Никита Михалков

> ✏ **The monarchy-related words**
>
> **Царь** (m) (=**император**) – the tsar
>   **царица** (n) (**императрица**) – tsarina
>   **царевич** (n) (**принц**) – a crown prince
>   **царевна** (n) (**принцесса**) – a crown princess
>   **царский** (adj) – royal, royalty related
>
> N.B. **Князь/княгиня** – are used to describe princes and princesses who will not inherit the crown

> ✏ **The suffix «-ик» to describe occupations**
>
> The suffix **–ик** is often used to describe professions and occupations and applies to both genders.
>
>   e.g. *историк* – historian
>   *химик* – chemist
>   *физик* – physician
>   *политик* – politician
>   *ботаник* – botanist

Глава 3. Политическая жизнь

прививать/привить (v) – to instill

гордость (n) – pride

    гордый (adj) – proud

    гордиться + instr. – to be proud

    e.g. *Я гожусь своими друзьями.*
    I am proud of my friends.

истинный (adj) – true, real

    истина (n) (=**правда**) – truth

воплощать/воплотить (v) – to implement

    плоть (n,f) – flesh

превращать (-**ся**)/**превратить** (-**ся**) – to turn (be turned) into...

    превращение (n) (=**трансформация**) – turning into

империя (n) – empire

назначать/назначить (v) – to appoint

губернатор (n) – to governor

мэр (n) – mayor

убеждён (-**ена**, -**ены**) (short adjective) – is/are convinced

    убеждение (n) – strong belief, conviction

объединение (n) – unity

разделяться/разделиться (v) – to differ, to split

> ✏️ **Expressing opinions (summary)**
> **на мой (твой, его, её, наш, ваш, их) взгляд**
> In my (your, etc) opinion
> **по-моему (твоему)**
> In my (your) opinion (short, casual)
> **по его (её, нашему, вашему, их) мнению**
> in his (her, etc) opinion

> ✏️ **Dividing and sharing verbs**
> **делить/поделить** (v) – to divide
>   **деление** (n) – division
>   **разделять** (v, imp) – to share an opinion, to agree
> **отделять(-ся)/отделить(-ся)** (v) + **от** – to separate, separate
>   e.g. *Латвия отделилась от Советского Союза.* – Latvia seceded from the USSR.
> **делиться/поделиться с** + instr. – to share something with somebody
>   e.g. *Он поделился своими идеями с президентом.* – He shared his thoughts with the President.

Глава 3. Политическая жизнь

Вопросы к теме

1. Что считает писатель Дмитрий Володихин?

2. За какую монархию выступает автор?

3. Кто, по мнению автора, может стать российским императором?

4. Что предлагает в своём манифесте Никита Михалков?

5. Какие партии останутся в Континентальной империи, по мнению Никиты Михалкова?

Глава 3. Политическая жизнь

Express It In Russian

1. Putin's supporters believe that he brought back unity and national pride to Russia and expresses the interests of the majority of Russia.

2. His opponents point to the fact that the Kremlin tightly controls mass media and brought back neo-Soviet ideology.

3. Critics of the Kremlin believe that in reality the corruption is steadily growing, and the court system is unable to provide justice.

4. After elections in Moscow, thousands of people took to the streets.

5. Many participants of unauthorized political rallies were arrested.

6. Young people discussed participating in demonstrations through social networks on the internet.

7. Some Russian politicians believe that bringing back the monarchy will be beneficial for the country.

8. They propose to strengthen law enforcement and National Security as well as to enhance the well-being of Russian citizens

9. To implement these projects, the authorities will appoint governors and mayors for all major cities.

10. Only three political parties will remain: conservative, liberal, and socialist.

Глава 3. Политическая жизнь

Chapter Three Topical Vocabulary

ад (n) – hell

А

баллотироваться (v, imp) – to run for a political post

Б

безупречный (adj) – impeccable, perfect

благо (n) – benefit

благосостояние (n) – well-being

ближний круг (=**близкий**) – close circle

богатство (n) – wealth, riches

богатый (adj) – wealthy, rich

богач (n) – wealthy man

бывший (adj) – former

вернувший – who brought back (past active participle of **вернуть**)

В

возвращать/вернуть (v) – to bring back

взгляд (n) – view, glance

воплощать/воплотить (v) – to implement, to embody

возрождать/возродить (v) – to revive

возрождение (n) – revival, rebirth

возвращать/возвратить (v) – to return, bring back

возвращение (n) – return

врать/со(на)врать (v) – to lie (informal)

выборы (n, pl) – elections

гордиться (v) + instr. – to be proud

Г

губернатор (n) – governor

Д
данные (n) – data

делить/поделить (v) – to divide

демонстрант (n) – a protester

демонстрация (n) – a demonstration

дефицит (n) – shortage

деятельность (n) – activities, record

Е
ельцинский (adj) – related to Boris Yeltsin.

Ж
жёсткий (adj) – strict, rigid, tough

З
заботиться/позаботиться + **о** + prep (v) – to take care of

задержание (n) – arrest (=**арест**) **задерживать/задержать** (v) – to arrest, to detain

закон (n) – a law

затрудняться/затрудниться (v) – to find it difficult

защита (n) – defense, protection

защитник (n) – defender

защищать/защитить (v) – to defend / to protect

И
империя (n) – empire

исключать/исключить (v) – to exclude

истинный (adj) – true, real

К
кинорежиссёр (n) – film director

когда-нибудь (adv) – someday (in the future)

круг (n) – circle

Глава 3. Политическая жизнь

Л

лгать/солгать (v) – to lie (formal)

ложь (n,f) – a lie (formal)

лозунг (n) – motto, slogan

    под лозунгом (expr) – under the motto/slogan

М

мириться + с + instr. (v) – to put up with/tolerate

митинг (n) – protest demonstration

митинговать (v) – to protest (=**протестовать**)

молодёжь (n, f) – youth, young people

монарх (n) – monarch

монархический (adj) – related to the monarchy

монархия (n) – monarchy

мэр (n) – mayor

Н

набирать/набрать (v) – to score, to get

надёжный (adj) – reliable

назначать/назначить (v) – to appoint

наследник (n) – an heir (inheritor)

несанкционированный – unauthorized (past passive participle of **санкционировать**) (v, imp)

нищета (=**бедность**) (n) – poverty, misery

нищий (adjectival noun) – a beggar

норма (n) – norm, standard

по нормам – according to the norms/standards

О

обещать/пообещать (v) – to promise

объединение (n) – unity

О

обман (n) – deceit

обманывать/обмануть (v) – to deceive

обнаруживать/обнаружить (v) – to find out

образ (n) – image

однозначный (adj) – unanimous

ожидание (n) – expectation

оказываться/оказаться (v) – to prove to be/turn out to be

опираться/опереться (v) – to rely on, to lean upon

опора (n) – support

организатор (n) – organizer

организовывать/организовать (v) – to organize

оправдывать/оправдать (v) – to justify

относиться к (v) – to feel about somebody/something

отношение к (n) – attitude towards somebody/something

отрицательный (adj) – negative

оценивать/оценить (v) – to evaluate

П

перевоплощаться/перевоплотиться (v) – to turn into, lit. to reincarnate into

победа (n) – victory

побежать/победить (v) – to win

поддержка (n) – support

поддерживать/поддержать (v) – to support

поднимать/поднять (v) (syn: **повышать/повысить**) – to raise

подобный (adj) – similar, alike

положительный (adj) – positive

полезный (adj) – useful

П

польза (n) – use, benefit

портить/испортить (v) – to spoil, ruin

постоянный (adj) – constant

потребность (n) – need

правило (n) – rule

правитель (n, m) – ruler

право (n) – a legal right

правосудие (n) – justice

превращать (-**ся**)/**превратить** (-**ся**) – to turn (be turned) into…

превращение (n) – turning into

предыдущий (adj) – past/previous

претензия (n) – claim, ambition

приемник (n) – successor

прививать/привить (v) – to instill

продолжать/продолжить (v) – to continue

продолжатель (n) – successor, follower

простой (adj) – simple

публиковать/опубликовать (v) – to publish

публикуются – are published

Р

разделяться/разделиться (v) – to differ, to split

разногласие (n) – a difference in opinion.

рай (n) – paradise

распределение (n) – distribution

распределять/распределить (v) – to distribute

руководить (v, imp) – to lead

Глава 3. Политическая жизнь

Р **руководитель** (n) – leader

руководство (n) – leadership

С **сведения** (pl) – data, information

    по сведениям (expr) – according to the data

скучать по – to miss somebody/something, to be nostalgic about

собственность (n) – property

состояться (v, pf) – to take place

социолог (n) – sociologist

социология (n) – sociology

сочетание (n) – combination

сочетать (v, imp) – to combine

способен/-бна/-бны (short adjective of **способный**) – capable

спорить/поспросить (v) – to argue

спор (n) – an argument, a debate

срок (n) – term

ставить/поставить (v) – to put (vertically)

столкновение (n) – clash, collision

сталкиваться/столкнуться (v, imp) – to collide

состояние (n) – condition

сторона (n) – a side

сторонник (n) – a supporter

суд (n) – court, trial (legal term)

судебный (adj) – court related

считаться с (v, imp) – to take into account

У

убеждение (n) – strong belief, conviction

убеждён (**-ена**, **-ены**) (short adjective) – is/are convinced

уверенность (n) – confidence

уверенный (adj) – confident

удаваться/удаться (v) – to manage + inf/ to succeed

указ (n) – a decree

указатель (n) – an indicator

Ш

шествие (n, very formal) – procession, march

Э

экран (n) – screen

эпоха (n) – epoch

этика (n) – ethics

этический (adj) – ethical

Expressions

в пользу + gen (expr) – in favor of

в целом (expr) – in total, on the whole

вводить/ввести (v, imp) **в оборот** (expr) – to bring into circulation

железный занавес (expr) – Iron Curtain, the hypothetical border that separated the Soviet Bloc from Western Europe.

на деле (expr) – in reality

общественное мнение (expr) – public opinion

партия власти (expr) – the party in power

по данным (expr) – according to the data

социальная сеть (expr, f) – social network

уверенность в завтрашнем дне (expr) – confidence in the future

Глава 3. Политическая жизнь

Acronyms

ЕР – Единая Россия – United Russia (a political party)

СМИ – средства массовой информации (expr) – mass media

госбезопасность (n) – state security

госдеятель (n) = **государственный деятель** – statesman, public figure

Proper Names

Валдайский Клуб – Valdai Club

Левада-центр – Levada Center

Лубянская Площадь – The Lubyanka Square (a central square of Moscow)

Никита Михалков – Nikita Mixalkov

Николай II – Николай Второй – Tsar of Russian Empire from 1894-1917

В. Ленин – Владимир Ильич Ленин – General Secretary of the USSR From 1917-1925

И. Сталин – Иосиф Виссарионович Сталин – General Secretary of the USSR from 1922-1953

Л. Брежнев – Леонид Ильич Брежнев – General Secretary of the USSR From 1964-1982

М. Горбачёв – Михаил Сергеевич Горбачёв – General Secretary of the USSR from 1985-1991

Б. Ельцин – Борис Николаевич Ельцин – President of the Russian Federation from 1990-1999

ГЛАВА 4. ЭКОНОМИКА РФ

Тема 1. Переход к рынку или история приватизации
    Лексика и грамматика
    Вопросы к теме

Тема 2. Проблемы и перспективы Российской экономики
    Часть 1. Проблемы
    Лексика и грамматика
    Вопросы к теме
    Часть 2. Перспективы
    Для информации
    Лексика и грамматика
        ✎ **"Learning" and "studying" verbs**
        ✎ **Passive voice using reflexive verbs**
    Вопросы к теме
    Express It In Russian
    Chapter Four Topical Vocabulary
    Expressions
    Proper Nouns
    Acronyms

Глава 4. Экономика РФ

ТЕМА 1. ПЕРЕХОД К РЫНКУ[1] ИЛИ ИСТОРИЯ ПРИВАТИЗАЦИИ[2]

Деньги СССР

В октябре 1991 года правительство России представило первую программу радикальных реформ[3]. Она предусматривала[4], экономическую стабилизацию[5] в течение[6] года. На 1992 год предусматривалась приватизация 20% [двадцати процентов] госпредприятий[7] и промышленности[8] и 70% предприятий торговли[9] и сферы услуг[10]. Реформа Гайдара предполагала, что в начале произойдёт[11] либерализация цен[12], а уже затем начнётся приватизация.

С 1 первого октября 1992 года началась выдача[13] приватизационных чеков (ваучеров) всем россиянам. С 1993 года было разрешено[14] вложение[15] этих ценных бумаг[16] в акции[17] предприятий.

1. market economy
2. privatization
3. reforms
4. planned
5. stabilization
6. within
7. state enterprises
8. industries
9. commerce/trade
10. services
11. will take place
12. price liberalization
13. issuing
14. was allowed
15. investment
16. securities
17. stocks and bonds

Егор Гайдар

Глава 4. Экономика РФ

Цены выросли в 100-150 раз, в то время как[18] средняя зарплата[19] лишь в 10-15 раз. Нестабильность[20] обстановки[21] вела к тому, что российские предприниматели[22] вкладывали[23] доходы[24] в западные банки. Только за 1992 год из России было вывезено[25] 17 миллиардов долларов.

Коррупция государственных чиновников[26] стала носить открытый характер.

К концу 1993 года было приватизировано почти 40 тысяч предприятий. Росло количество частных банков (к концу года их стало 2000) и бирж[27] (303). В сельском хозяйстве[28] из-за роста трудностей прекратили[29] свою деятельность 14 тысяч фермерских хозяйств[30].

Общество разделилось на богатых и бедных. К началу 1994 года 40 миллионов людей имели денежный доход[31] ниже[32] прожиточного минимума[33]. Численность безработных составляла почти 8 миллионов человек.

Приватизация после распада[34] СССР

Автор схемы приватизации – Чубайс.

По программе Чубайса приватизационные ваучеры раздали всем российским гражданам (151 миллион ваучеров). По плану должны были приватизировать основную часть российской промышленности за два года.

К концу 1993 года, когда россияне реально могли воспользоваться ваучерами, инфляция и девальвация[35] рубля съели 95 процентов номинала[36] ваучера. Итак, зимой 1993/94 года каждый ваучер можно было купить на улице за 7 долларов, в результате гигантские промышленные и природные ресурсы[37] страны оценивались примерно в 5 миллиардов долларов.

Анатолий Чубайс

18. whereas
19. average wages
20. instability
21. of the situation
22. entrepreneurs
23. were investing
24. profits/revenues
25. were exported, removed
26. civil servants
27. stock exchanges
28. agriculture
29. stopped, ceased
30. farms (lit. farming economies)
31. monetary income
32. below
33. living minimum

34. fall, collapse, disintegration
35. devaluation
36. nominal value
37. natural resources

Глава 4. Экономика РФ

Волжский автомобильный завод в Тольятти был приватизирован как ОАО[38] всего за 45 млн. долларов, что составляет примерно 2% от реальной рыночной стоимости предприятия. В такой ситуации было довольно легко получить контрольный пакет акций тем, кто был у власти, имел влияние[39] или деньги.

Многие лучшие российские компании были выкуплены[40] их директорами эпохи Советского Союза.

Наиболее ярким примером стал «Газпром». Он имел треть[41] газовых ресурсов всего мира, он был единственным поставщиком газа по бывшему Советскому Союзу и основным поставщиком газа в Западную Европу. Если «Газпром» был бы западной компанией, только его газовые ресурсы стоили бы на рынке от 300 до 700 миллиардов долларов. А его продали Березовскому[42] на ваучерных аукционах за 250 миллионов долларов.

«Приватизация в России проходит в три этапа», – сказал Березовский в 1996 году. «На первом этапе приватизируется прибыль. На втором этапе приватизируется собственность. На третьем этапе приватизируются долги». Когда появились достаточные капиталы, люди, которые этими капиталами овладели[43], скупали[44] собственность за рубежом[45] или стали вкладывать эти деньги для приобретения разваливающихся[46] предприятий.

38. Open Joint Stock Company
39. had influence
40. were bought out
41. one third
42. Berezovsky – a Russian oligarch
43. took possession of
44. bought in bulk
45. abroad
46. declining, falling apart

Приватизационный ваучер

Глава 4. Экономика РФ

Лексика и грамматика

переход (n) + **к** + dative – transition to...

    переходный (adj) – transitional

рынок (n) – market

    рыночный (adj) – market related

приватизация (n) – privatization

    приватизационный (adj) – related to privatization

    приватизировать (v, imp) – to privatize

    был/-а/-о/-и приватизирован/-а/-о/-ы – was/were privatized

    будет/будут приватизирован/-а/-о/-ы – will be privatized

представлять/представить (v) – to introduce, to present

стабилизация (n) – stabilization

    стабилизировать (v, imp) – to stabilize

реформа (n) – reform

    реформировать (v, imp) – to reform

предусматривать/предусмотреть (v) – to plan, project

в течение + gen (adv) – within

госпредприятие (n) (=**государственное**) – state owned enterprise

промышленность (n) – industry

    промышленный (adj) – industrial

торговля (n) – trade, commerce

    торговый (adj) – commercial

услуга (n) – service

    сфера услуг (expr) – service industry

происходить/произойти (v) – to occur, to take place

либерализация (n) – liberalization

    либерализировать (v, imp) – to liberalize

цена (n) – price

    оценивать/оценить (v) – to assess

    ценный (adj) – valuable

    ценные бумаги (exp) – securities, stock & bonds

выдача (n) – insuing

    выдавать/выдать (v) – to issue

акции (n, pl) – stock

    акционер (n) – stock holder

в то время как (expr) – whereas, while

(не)стабильность (n) – (in)stability

    (не)стабильный (adj) – (un)stable

обстановка (n) – situation (**политическая, экономическая, международная**)

предприниматель (n) – entrepreneur

вкладывать/вложить (v) – to invest

    вклад (n) – investment, contribution

доход (n) – income (=**прибыль**)

    доходный (adj) – profitable

прибыльный (adj) – profitable

расход (n) – expense

убыток (n) – loss (financial)

    убыточный (adj) – unprofitable

Reminder

Зарплата выросла в 10 раз – the salary increased 10 times.

На 10% (процентов) – by 10%

коррупция (n) – corruption

    коррумпированный (adj) – corrupt

государственный чиновник (n) – civil servant

биржа (n) – stock exchange

сельское хозяйство (n) – agriculture

    сельскохозяйственный (adj) – agricultural

прекращать/прекратить (v) – to stop, cease

фермерское хозяйство(n) = **ферма** – a farm

денежный (adj) – monetary, related to money

ниже (comp. adj/adv) – lower

    низкий (adj) – low

    <u>The opposite</u>:

    высокий (adj) – high

    выше (comp. adj) – higher

прожиточный минимум (expr) – subsistence or survival level

распад (n) – collapse, disintegration

девальвация (n) – devaluation

номинал (n) – nominal value

природные ресурсы (expr) – natural resources

ОАО = Открытое Акционерное Общество – Open Joint Stock Company

влияние (n) – influence, impact

    влиять/повлиять (v) – to influence, to impact

выкупать/выкупить (v) – to buy out

    скупать/скупить (v) – to buy in bulk

треть (n,f) – one third

четверть (n,f) – a quarter, one quarter

Березовский – a Russian oligarch businessman

владеть/овладеть (v) – to possess, to own

    владелец (n) – owner

за рубежом (exp) = **заграницей** – abroad (prepositional case)

    <u>BUT!</u> **За рубеж/заграницу** – accusative case of the above

разваливать/развалить (v) – to bring into decline

    разваливающийся (present active participle) – falling apart, declining

Глава 4. Экономика РФ

Вопросы к теме

1. Что предусматривала программа реформ 1991 года?

2. Что предполагала реформа Егора Гайдара?

3. Что произошло в 1993 году?

4. Что планировала программа приватизации Анатолия Чубайса?

5. Что произошло в 1994 году?

6. Как проходила приватизация в России?

Глава 4. Экономика РФ

ТЕМА 2. ПРОБЛЕМЫ И ПЕРСПЕКТИВЫ РОССИЙСКОЙ ЭКОНОМИКИ

Нефтяная вышка (Oil ритр)

Часть 1. Проблемы

По данным официальной статистики, россиян, живущих хорошо, не так много. Разница[1] между доходами богатых и бедных (а это половина[2] страны) в России огромна[3]: 10% самых обеспеченных[4] получают минимум в 16 раз больше 50% наименее[5] обеспеченных. Огромная дифференциация[6] в заработках[7] везде[8]: как на одном предприятии (будь оно частное или государственное), так и на уровне[9] региона.

Самые высокие среднемесячные[10] заработки в РФ это:

- сектор нефти и газа
- финансовая[11] деятельность
- производство, передача[12] электроэнергии[13]

Реальные[14] доходы населения упали[15] на 1,5% по сравнению[16] с началом 2014 г., сообщил Росстат[17]. У 71% россиян нет банковских вкладов, а 61% не имеют вообще никаких[18] сбережений[19]. Инвестиции в первый месяц года упали на 7%, ВВП[20] ушёл в минус[21].

Кроме того, почти 5% взрослых[22] граждан страны запутались[23] в кредитах – выплачивать долги[24] им становится[25] всё сложнее[26]. Россия – страна растущего[27] социального неравенства[28], и этот факт считается и общепризнанным[29], и привычным[30].

1. difference
2. half
3. enormous
4. well off
5. the least
6. gap, differentiation
7. in earnings
8. everywhere
9. at the level of
10. average monthly
11. financial
12. transfer
13. electrical power
14. real
15. fell
16. in comparison with
17. Russian Statistics Bureau
18. none
19. savings
20. GDP – Gross Domestic Product
21. became negative
22. adult
23. are confused
24. to pay off debts
25. is becoming
26. more complicated
27. growing
28. social inequality
29. generally recognized
30. habitual

Глава 4. Экономика РФ

Почти половина российского бюджета сформирована за счёт нефтяных денег – больше 6 трлн[31] руб. в год. Нефтедоллары позволили[32] выйти на бездефицитный бюджет, перевооружить[33] армию, успешно провести Олимпиаду[34] и даже не повышать[35] возраст выхода на пенсию[36]. Запасы[37] нефти 29 млрд[38] т. – можно использовать ещё полвека[39].

Наибольшие деньги попадают[40] в нечистые[41] руки и карманы[42] чиновников[43], отвечающих[44] за сектора государственных закупок[45], распределение бюджетных средств[46], имущественные[47] и земельные[48] вопросы и т.д.

За воровство[49] уже были осуждены[50] губернаторы[51], главы департаментов различных ведомств, бывший министр юстиции[52].

По опросам[53] ВЦИОМ[54], чиновником хочет стать каждый третий молодой россиянин. Это неудивительно[55], ведь у чиновников быстрее всех растут зарплаты – в среднем на 20%. Минфин[56] выделил[57] 135 млрд руб. на новое повышение. Чиновников в России больше, чем врачей и учителей, – почти 6 млн.

Гидроэлектростанция (Hydropower plant)

31. trillion
32. allowed
33. rearm, modernize the army
34. Olympic games
35. without raising
36. retirement age
37. reserves
38. billion tons
39. half a century
40. get into
41. dishonest, dirty
42. pockets
43. civil servants
44. responsible for
45. Government purchases
46. budget allocations
47. property related
48. land related
49. thievery
50. were sentenced, charged
51. governors
52. Minister of Justice, Attorney General
53. according to polls
54. Russian Center of Information and Public Opinion
55. not surprising
56. Department of Treasury (finance)
57. allocated

Глава 4. Экономика РФ

Лексика и грамматика

разница (n) – difference

    разный (adj) – different, diverse

половина (n) – a half

    A short form "**пол**" is often used.

    e.g. **полдень** (n, m) – noon

    полночь (n, f) – midnight

    полчаса (n, gen) – half an hour

    полгода (n, gen) – half a year

    полвека (n, gen) – half a century

огромный (adj) – enormous

обеспеченный (adj) – well-to-do

наименее (adv) – the least

дифференция (n) – difference (=**разница**)

заработок (n) – earning

    зарабатывать/заработать (v) – to earn

везде (adv) – everywhere

как...так...и – both... and

    e.g. *Он жил как в России, так в Америке.*
    He lived in both Russia as well as in the USA.

на уровне (expr) – at the level of

    уровень (n, m) – level

финансы (n, pl) – finance

    финансовый (adj) – financial

деятельность (n) – activity

передача (n) – transfer, transmission

    передавать/передать (v) – to transfer, to transmit

электроэнергия (n) – electrical power

реальный (adj) – real

    реальность (n) – reality

падать/упасть (v) – to fall, to drop

по сравнению + **с** + instr. (expr) – compared to

сравнение (n) – comparison

    сравнивать/сравнить (v) – to compare

вклад (n) – investment, contribution

    вкладывать/вложить (v) – to invest (=**инвестировать**)

сбережения (n, pl) – savings

    Сбербанк (n) – savings bank

Сбербанк

уходить в минус (expr) – to become negative, to go into the negative

взрослый (adj) – adult

запутываться/запутаться (v) – to be confused

выплачивать/выплатить (v) – to pay off

долг (n) – debt

сложный (adj) – complicated

растущий – growing (present, active participle of **расти** – to grow)

общепризнанный (adj) – generally recognized

    признавать/признать (v) – to acknowledge

    признанный – pass passive participle of **признать**

привычный (adj) – habitual

    привычка (n) – a habit

    привыкать/привыкнуть + **к** + dat – to get used to, to get accustomed to

трлн. – **триллион** – trillion

млрд. – **миллиард** – billion

    миллиардер (n) – billionaire

позволять/позволить (v) – to allow

вооружать/вооружать (v) – to allow, to enable

    вооружение (n) – armament

    разоружение (n) – disarmament

повышать/повысить (v) – to raise

пенсия (n) – retirement pension

    пенсионер (n) – pensioner, retired person

запас (n) – reserve

век (n) – century

карман (n) – pocket

чиновник (n) – civil servant, government employee

государственные закупки (expr) – government acquisitions

распределение (n) – distribution

    распределять/распределить (v) – to distribute

бюджет (n) – budget

    бюджетный (adj) – budget related

    бюджетные средства (expr) – budgetary appropriations

воровство (n) – thievery

    воровать (v, imp) – to steal

    вор (n) – thief

осуждать/осудить (v) – to charge/sentence

министр юстиции (expr) – Attorney General/ Minister of Justice

опрос (n) – polls

> **Note**
>
> **Отвечающих** – responsible for (present participle of **отвечать** + **за** + acc – to be in charge of)
>
> **Они отвечают**, delete -т, add -щий/-щяя/-щие, **отвечающий**, etc

ВЦИОМ (abbreviation) – All Russia Center for the Study of Public Opinion

(не)удивительно (adv) – (un)surprisingly

    удивительный (adj) – surprising

    удивлять/удивить (v) – to surprise

    удивление (n) – a surprise

в среднем (expr.) – on the average

Минфин = **Министерство финансов** – Department of Treasury/Department of Finance

выделять/выделить (v) – to allocate

повышение (n) – promotion, increase

    повышать/повысить (v) – to promote

    <u>**The opposite**</u>:

    понижение (n) – demotion, decrease

    понижать/понизить (v) – to demote

Глава 4. Экономика РФ

Вопросы к теме

1. Что официальная статистика говорит о доходах богатых и бедных в России?

2. У кого самые высокие заработки в РФ?

3. Какие финансовые проблемы у большинства россиян?

4. Что позволили сделать нефтяные деньги за последнее время?

5. Почему многие молодые россияне хотят стать чиновниками?

Глава 4. Экономика РФ

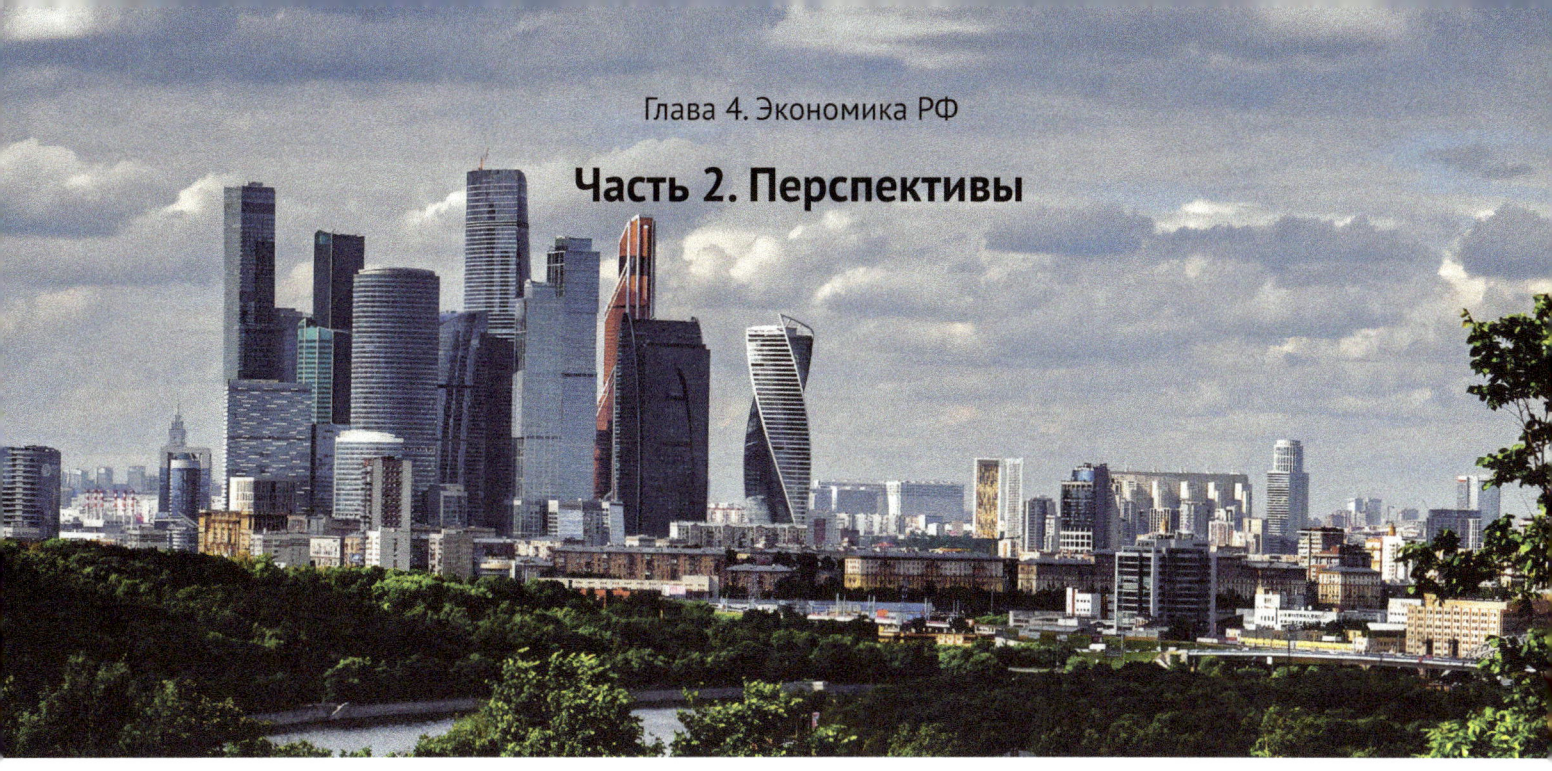

Часть 2. Перспективы

"Moscow City"

Экономическая стратегия[1] РФ

Президент РФ Владимир Путин провёл[2] встречу с руководителями[3] экспертных групп по актуальным проблемам стратегии социально-экономического развития[4] России на период до 2050 года.

В мероприятии[5] приняли участие[6] первый зампредседателя[7] правительства, вице-премьеры и глава Минэкономразвития. На встрече обсудили широкий круг вопросов по модернизации экономики, повышению эффективности системы госуправления.

На базе[8] Академии народного хозяйства[9] и государственной службы при президенте РФ и Национального исследовательского[10] университета «Высшая школа экономики» были сформированы[11] экспертные группы, в задачу[12] которых входит подготовка новой модели развития экономики. Среди основных направлений[13] работы экспертных групп – обеспечение макроэкономической и социальной стабильности[14], развитие малого и среднего бизнеса[15], повышение качества жизни и эффективности использования[16] бюджетных ресурсов.

1. strategy
2. conducted
3. leaders
4. development
5. event
6. took part
7. Deputy Chair
8. on the basis of
9. national economy
10. research
11. were formed/established
12. with the task of
13. trends, directions
14. stability
15. small and midsized business
16. utilization

Глава 4. Экономика РФ

В составе экспертных групп – специалисты профильных российских вузов и НИИ[17], представители заинтересованных[18] министерств и ведомств, сотрудники администрации президента и аппарата правительства РФ, руководители региональных органов исполнительной власти и зарубежные[19] эксперты. Результаты работы экспертных групп будут ежеквартально[20] рассматриваться на заседаниях[21] правительства.

Сегодня большинство российских предпринимателей – от 40 лет и старше, и смены[22] им нет. Интерес к бизнесу у нового поколения пока слабый[23] – 70% старшеклассников[24] мечтают о карьере госслужащего. Они справедливо[25] полагают, что это принесёт[26] им стабильность[27] и доход. Есть попытки[28] пропагандировать[29] занятие бизнесом в школах: проводятся недели предпринимательства[30], деловые игры, учащимся[31] даются базовые знания[32] в этой сфере. Но этого недостаточно[33]. Во-первых, потому что открыть своё дело[34] в России по-прежнему[35] очень сложно: много расходов, коррупция и т. д.

Во-вторых, имидж бизнесмена остаётся негативным. Всё это и отталкивает[36] молодых от предпринимательства. Но «юный» бизнес в России всё равно[37] есть. Российские молодые предприниматели успешны[38] в интеллектуальных сферах: консультационных услугах[39], различных[40] интернет-проектах.

17. research Institute
18. interested
19. foreign
20. quarterly
21. at the sessions
22. replacement
23. weak
24. High school seniors
25. fairly
26. will bring
27. stability
28. attempts
29. promote
30. entrepreneurship
31. High school students
32. basic knowledge
33. not enough
34. business
35. as before/still
36. turns away
37. nevertheless
38. successful
39. consulting services
40. various

Интернет-проект

Глава 4. Экономика РФ

Для информации

Ядерный реактор

По итогам 2015 г. основным торговым партнёром России остаётся Китай. Товарооборот с ним вырос на 3% и составил 90 млрд долл.

В будущем российский экспорт в Китай может ещё увеличиться. В ходе визита президента В. Путина в эту страну ожидается подписание соглашения о поставках туда природного газа. На втором месте оказались Нидерланды[41]. В эту страну РФ продаёт не только традиционное сырьё[42], но и ядерные реакторы[43], на третьем – Германия. Значительно (на 18%) в прошлом году увеличился товарооборот с Италией.

41. Netherlands
42. raw materials
43. reactors

Глава 4. Экономика РФ

Лексика и грамматика

стратегия (n) – strategy

    стратегический (adj) – strategy

проводить/провести (v) – to conduct, to carry out

руководитель (n) – leader

    <u>syn</u>: **лидер** (n)

    руководить (v, imp) – to lead

    руководство (n) – leadership

> ✏️ «Проводить/провести»
> Remember the irregular conjugation:
> *я провожу... они проводят* (present tense)
> *я провёл... они провели* (past tense)
> *я проведу... они проведут* (future tense)

актуальный (adj) – vital, critical (not actual!)

развитие (n) – development

    развивать/развить (v) – to develop

    развитый (adj) – developed

    развивающийся – developing (present active participle)

мероприятие (n) – event

принимать/принять участие (expr) – to take part

    = **участвовать** (v, imp)

зам (a short form of **заместитель**) (abbreviation) + gen. – deputy

    e.g. *зампредседателя* (n) – deputy chairman

    Замдиректора (n) – deputy director

Минэкономразвития = Министерство экономического развития – Ministry of Economic Development

модернизация (n) – modernization

    модернизировать (v, imp) – to modernize

база (n) – base, basis

народное хозяйство (expr) = **национальная экономика** – national economy

исследовательский (adj) – related to research

    исследователь (n) – researcher

    исследовать (v, imp) – to research

    исследование (n) – research, study

    НИИ = **научно-исследовательский институт** – Scientific Research Institute

задача (n) – task

направление (n) – trend, direction

    направлять/направить (v) – to direct

стабильность (n) – stability

    стабильный (adj) – stable

малый (adj) – small (used only in the context of businesses)

    малое предприятие (expr) – small enterprise, small business

использование (n) – utilization

    использовать (v, imp) – to use

    польза (n) – usefulness

зарубежный (adj) – foreign

ежеквартально (adj) – quarterly

    квартал (n) – a quarter (3 months), residential block

заседание (n) – session, high level meeting

смена (n) – replacement (lit), new generation (metaphorically)

слабый (adj) – weak

    слабость (n) – weakness

    <u>opposite</u>: **сильный** (adj) – strong

    сила (n) – strength

старшеклассник (ница) (n) – high school senior

поколение (n) – generation

мечтать (v, imp) – to dream

    мечта (n) – dream

карьера (n) – career

справедливо (adv) – fair, just

    справедливость (n) – fairness, justice

    справедливый (adj) – fair

попытка (n) – an attempt

    пытаться/попытаться (v) – to try, to attempt

пропагандировать (v, imp) – to promote

предприниматель(ство) (n) – entrepreneur(ship)

дело (n) – business

    деловой (adj) – business related

    e.g. *деловая игра* (expr) – a business game
    деловая встреча (expr) – a business meeting

учащийся/-щаяся/-щиеся – a grade school student (m, f, pl)
= **ученик/ученица/ученики**

> ✏️ **"Learning" and "studying" verbs**
>
> **учить/выучить** (v) – to memorize something
>
>   e.g. *Иван учит новые слова.* – Ivan is memorizing new words.
>
> **учить/Научить** (v) – to teach a practical skill to somebody
>
>   e.g. *Инструтор учит Нину водить машину.* – The instructor is teaching Nina to drive.
>
> **учиться** (v, imp) – to study somehwere (followed by the prepositional)
>
>   e.g. *Иван учится в школе.* – Ivan is studying at school.
>
> **учиться** (v, imp) + inf/dat. case of a noun – to be learning a practical skill
>
>   e.g. *Нина учится читать.* – Nina is learning to read.
>   e.g. *Нина учится физике.* – Nina is learning physics.
>
> **научится** (v, imp) + inf. – to have mastered a practical skill
>
>   e.g. *Светлана научилась работать на компьютере.* – Svetlana has learned to work on a computer.
>
> **изучать/изучить** (v) + accusative – to study an academic subject
>
>   e.g. *Студенты изучали математику в университете.*
>   The students were studying mathematics at the University.

Глава 4. Экономика РФ

даются – are given (present passive voice of **даваться**)

> ✏️ **Passive voice using reflexive verbs**
> Reflexive verbs can be used sometimes to express the Passive progressive voice
> e.g. *Дом строится.* – The house is being built.
> e.g. *Его книги читаются во всём мире.* – His books are being read across the globe.

знание (n) – knowledge

e.g. *Знание – сила* – Knowledge is power

Soviet magazine

достаточный (adj) – sufficient

по-прежнему (expr) – as it was (in the past), as before

отталкивать/оттолкнуть (v) – to turn away

всё равно (expr) – still, all the same

успешный (adj) – successful

успех (n) – success

Вопросы к теме

1. Какую встречу провёл президент РФ?

2. Кто принял участие в этой встрече?

3. Какие вопросы обсуждались на встрече?

4. Какие основные направления работы экспертных групп?

5. Кто входит в состав экспертных групп?

6. Какие основные проблемы российского предпринимательства?

Глава 4. Экономика РФ

7. Почему многие старшеклассники в России хотят стать госчиновниками?

8. Почему у молодого поколения России слабый интерес к бизнесу?

9. В чём успешны молодые предприниматели России?

10. Какие основные торговые партнёры России?

Глава 4. Экономика РФ

Express It In Russian

1. The reform of 1991 planned for economic stability within one year.

2. The reform of Gaidar assumed that the privatization would begin after the liberalization of prices.

3. The economic situation became unstable. Therefore, Russian businessmen began to invest their profits into western banks.

4. By the end of 1993, 40,000 Russian enterprises were privatized.

5. The society was split into the rich and the poor.

6. The highest salaries in Russia are in the oil and gas sector.

_____
_____
_____

7. Many Russians do not have banking accounts and have no savings.

_____
_____
_____

8. It is becoming increasingly difficult for the people to pay off their debts.

_____
_____
_____

9. The number of unemployed people has gone up.

_____
_____
_____

10. The experts discussed vital strategic problems of social and economic development of Russia.

_____
_____
_____

11. Among the main topics of the meeting are the development of small and medium size business and improvement of the quality of life.

_____
_____
_____

12. Most Russian high school seniors dream to become government civil servants, because they assume, that such careers will bring them stability and steady income.

13. China continues to be the major commercial partner of Russia, therefore the Russian exports to China may increase.

14. To start your own business continues to be difficult because of huge expenses and corruption.

15. Young Russian entrepreneurs are successful in consulting services as well as in high-tech projects.

Глава 4. Экономика РФ

Chapter Four Topical Vocabulary

актуальный (adj) – vital, critical

акции (n, pl) – stock

акционер (n) – stock holder

А

база (n) – base, basis

биржа (n) – stock exchange

бюджет (n) – budget

бюджетный (adj) – budget related

Б

везде (adv) – everywhere

век (n) – century

взрослый (adj) – adult

владелец (n) – owner

владеть/овладеть (v) – to possess, to own

влияние (n) – influence, impact

влиять/повлиять (v) – to influence, to impact

вклад (n) – investment, contribution

вкладывать/вложить (v) – to invest

вооружать/вооружать (v) – to arm, to enable

вооружение (n) – armament

вор (n) – thief

воровать (v, imp) – to steal

воровство (n) – thievery

выдавать/выдать (v) – to issue

выдача (n) – insuing

В

Глава 4. Экономика РФ

В
выделять/выделить (v) – to allocate
высокий (adj) – high
выше (comp. adj) – higher
выкупать/выкупить (v) – to buy out
выплачивать/выплатить (v) – to pay off

Д
даются – are given (present passive voice of **даваться**)
девальвация (n) – devaluation
дело (n) – business
деловой (adj) – business related
денежный (adj) – monetary, related to money
деятельность (n) – activity
дифференция (n) – difference (=**разница**)
долг (n) – debt
доход (n) – income

Е
ежеквартально (adj) – quarterly

З
задача (n) – task
запас (n) – reserve
запутываться/запутаться (v) – to be confused
заработок (n) – earning
зарабатывать/заработать (v) – to earn
зарубежный (adj) – foreign
заседание (n) – session, high level meeting

И

использование (n) – utilization

использовать (v, imp) – to use

исследование (n) – research, study

исследовательский (adj) – related to research

К

карман (n) – pocket

карьера (n) – career

коррумпированный (adj) – corrupt

коррупция (n) – corruption

Л

либерализация (n) – liberalization

либерализировать (v, imp) – to liberalize

М

малый (adj) – small (used only in the context of businesses)

мероприятие (n) – event

мечта (n) – dream

мечтать (v, imp) – to dream

миллиардер (n) – billionaire

модернизация (n) – modernization

модернизировать (v, imp) – to modernize

Н

наименее (adv) – the least

направление (n) – trend, direction

направлять/направить (v) – to direct

(не)стабильность (n) – (in)stability

(не)стабильный (adj) – (un)stable

Н
(не)удивительно (adv) – (un)surprisingly

ниже (comp. adj/adv) – lower

низкий (adj) – low

номинал (n) – nominal value

О
обеспеченный (adj) – well-to-do

обстановка (n) – situation

общепризнанный (adj) – generally recognized

огромный (adj) – enormous

опрос (n) – polls

осуждать/осудить (v) – to charge/sentence

П
падать/упасть (v) – to fall, to drop

пенсионер (n) – pensioner, retired person

пенсия (n) – retirement pension

передавать/передать (v) – to transfer, to transmit

передача (n) – transfer, transmission

переход (n) + **к** – transition to...

переходный (adj) – transitional

повышать/повысить (v) – to promote

повышение (n) – promotion, increase

позволять/позволить (v) – to allow

поколение (n) – generation

половина (n) – a half

понижать/понизить (v) – to demote, to decree

понижение (n) – demotion, decrease

попытка (n) – an attempt

предприниматель (n) – entrepreneur

представлять/представить (v) – to introduce, to present

предусматривать/предусмотреть (v) – to plan, project

прекращать/прекратить (v) – to stop, cease

приватизация (n) – privatization

приватизационный (adj) – related to privatization

приватизировать (v, imp) – to privatize

привыкать/привыкнуть + **к** – to get used to, to get accustomed to

привычный (adj) – habitual

признавать/признать (v) – to acknowledge

признанный – past passive participle of **признать**

проводить/провести (v) – to conduct, to carry out

происходить/произойти (v) – to occur, to take place

промышленность (n) – industry

промышленный (adj) – industrial

пропагандировать (v, imp) – to promote

пытаться/попытаться (v) – to try, to attempt

разваливать/развалить (v) – to bring into decline

разваливающийся (present active participle) – falling apart, declining

развитие (n) – development

разница (n) – difference

разоружение (n) – disarmament

распад (n) – collapse, disintegration

распределение (n) – distribution

Р

распределять/распределить (v) – to distribute

растущий – growing (present, active participle of **расти** – to grow)

реальный (adj) – real

реформа (n) – reform

реформировать (v, imp) – to reform

руководитель (n) – leader

рынок (n) – market

рыночный (adj) – market related

С

сбербанк (n) – savings bank

сбережения (n, pl) – savings

сельское хозяйство (n) – agriculture

сельскохозяйственный (adj) – agricultural

сила (n) – strength

сильный (adj) – strong

скупать/скупить (v) – to buy in bulk

сложный (adj) – complicated

смена (n) – replacement (lit), new generation (metaphorically)

справедливость (n) – fairness, justice

стабилизация (n) – stabilization

стабилизировать (v, imp) – to stabilize

старшеклассник (**ница**) (n) – high school senior

стратегия (n) – strategy

стратегический (adj) – strategy

торговля (n) – trade, commerce
торговый (adj) – commercial
треть (n, f) – one third

уровень (n, m) – level
услуга (n) – service

финансовый (adj) – financial
финансы (n, pl) – finance

цена (n) – price

чиновник (n) – civil servant, government employee

электроэнергия (n) – electrical power

Expressions

бюджетные средства (expr) – budgetary appropriations

в среднем (expr) – on the average

в течение (expr) – within

в то время как (expr) – whereas, while

государственные закупки (expr) – government acquisitions

как...так...и (expr) – Both...and

министр юстиции (expr) – Attorney General/Minister of Justice

на уровне (expr) – at the level of

народное хозяйство (expr) = **национальная экономика** – National Economy

по сравнению + **с** + instr. (expr) – compared to

принимать/принять участие (expr) – to take part

природные ресурсы (expr) – natural resources

прожиточный минимум (expr) – subsistence or survival level

сфера услуг (expr) – service industry

уходить в минус (expr) – to become negative, to go into the negative

фермерское хозяйство(n) – a farm

ценные бумаги (expr) – securities, stock and bonds

Acronyms

ВЦИОМ (abbreviation) – All Russia Center for the Study of Public Opinion

госпредприятие (n) (=**государственное**) – state owned enterprise

зам (a short form of **заместитель**) (abbreviation) – deputy

замдиректора (n) – deputy director

зампредседателя (n) – deputy chairman

НИИ = **научно-исследовательский институт** – Scientific Research Institute

Минфин = **Министерство финансов** – Department of Treasury/Department of Finance

Минэкономразвития = **Министерство экономического развития** – Ministry of Economic Development

млрд – **миллиард** – billion

ОАО = **открытое акционерное общество** – Open Joint Stock Company

трлн. – **триллион** – trillion

Proper Nouns

Березовский – a Russian oligarch businessman

ГЛАВА 5. РОССИЙСКАЯ АРМИЯ

Тема 1. Студенты и мигранты в армии
  Для информации. Мнения россиян
  Лексика и грамматика
    Army-related expressions
  Вопросы к теме

Тема 2. РФ вооружит Каир и Белград
  Лексика и грамматика
    Weapon-related expressions
  Вопросы к теме

Тема 3. Совместные учения в Северодвинске
  Лексика и грамматика
  Вопросы к теме
  Express it in Russian
  Chapter Five Topical Vocabulary
  Expressions
  Acronyms
  Geografic names

Глава 5. Российская армия

ТЕМА 1. СТУДЕНТЫ И МИГРАНТЫ В АРМИИ

Военнослужащие российской армии

Дума внесла поправки[1] к закону о воинской обязанности[2], которые предусматривают возможность за деньги откупиться[3] от службы в армии за 1 млн (!) руб. Подобные[4] системы действуют более чем в 15 странах, в том числе в Грузии, Киргизии, Узбекистане, Турции, Монголии, Греции, Албании... Результаты и суммы везде разные. В Грузии, где освобождение[5] от призыва[6] за деньги ввели в 2002 г., была назначена настолько мизерная[7] сумма (200 лари, то есть 92 долл.) в год, что откупиться решили буквально[8] все. За сумму в 10 раз больше можно откупиться на всю жизнь. Освобождение от армии в Киргизии стоит 550 долл., в Узбекистане -140 долл., в Армении -180 долл. за каждый пропущенный[9] призыв.

Армейскую подготовку будут проходить студенты всех вузов, независимо от того[10], есть у них военная кафедра[11] или нет. Для этого создаются межвузовские центры военподготовки[12] с филиалами[13] по всей стране. Чтобы стать офицером[14], придется учиться 2,5 года, сержантом[15] – 2, рядовым[16] – 1,5 года. В конце обучения студентов ждёт военный сбор[17] на 3 месяца. Успешно прошедшие сбор зачисляются[18] в «мобилизационный резерв[19]» и после окончания вуза от реальной военной службы освобождаются. А вот плохоуспевающие[20] студенты в резерв не попадут. Вместе с вузовским дипломам они получат повестку[21] в армию сроком на год.

1. amendments
2. military service
3. buy out
4. similar
5. exemption
6. from the draft conscription
7. tiny
8. literally
9. missed, skipped
10. regardless
11. Military Training Department at College
12. Inter-college military training centers (ROTC equivalent, Reserve Officers' Training Corps)
13. affiliates
14. officer
15. sergeant
16. private (military rank)
17. specialized summer military training
18. are enlisted
19. army reserve
20. poor academic record
21. draft summons, conscription document

Глава 5. Российская армия

Гражданам государств СНГ давно разрешено служить в российских Вооружённых силах[22] в качестве контрактников[23]. Теперь же Союз мигрантов России предлагает брать их на службу по призыву, а за это предоставлять российское гражданство[24] по ускоренному варианту[25]. Комитет Госдумы по обороне готов рассмотреть соответствующие[26] поправки.

Требование[27] Владимира Путина иметь армию численностью миллион военнослужащих к 1 января 2015 г. из-за демографической ситуации выполнить невозможно, поэтому приходится идти на манипуляции. В армии появятся[28] части, укомплектованные[29] по национальному признаку[30], а также подразделения[31] военной полиции. Оба мероприятия направлены[32] на повышение дисциплины в армии.

Для предотвращения[33] преступлений[34] на национальной почве[35] славян[36] и кавказцев[37] в качестве эксперимента попробуют содержать[38] раздельно[39]. Наблюдать за этим поручат военной полиции, которая начала работу в 2012 г. Военная полиция существует почти во всех армиях дальнего зарубежья[40], в Казахстане, Армении, Грузии. В России она будет подчиняться[41] первому замминистра обороны и состоять из 20 тыс. человек.

22. Armed Forces
23. non-drafted enlisted soldiers
24. citizenship
25. on a fast track
26. relevant
27. the demand
28. will appear
29. formed, consisting of
30. based on ethnicity
31. subdivisions
32. are aimed at
33. prevention
34. of the crimes
35. ethnically motivated
36. Slavs
37. Caucasus residents
38. to keep
39. separately
40. outside the FSU
41. will report to, will be under the supervision of someone

КТО СЛУЖИТ В ВС РФ

- 350 000 Контрактники
- 140 000 Генералы, офицеры, прапорщики и мичманы
- 280 000 Призывники
- 770 000 Общая численность Вооружённых сил РФ

Инфографика Марии КЛЕМЕНТЬЕВОЙ

Российская армия в 2017 году

Глава 5. Российская армия
Для информации. Мнения россиян

Опрос

На армию можем положиться[42]? Существует ли сейчас военная угроза[43] со стороны других стран?

✓ 56%
✗ 32%

Способна[44] ли армия защитить[45] Россию в случае реальной военной угрозы со стороны других стран?

✓ 61%
✗ 24%

Следует ли сохранить всеобщую[46] воинскую обязанность?

✓ 40%
✗ 48%

Если бы кто-то из ваших родственников подлежал[47] призыву, вы бы предпочли, чтобы он прошёл службу в армии?

✓ 48%
✗ 33%

✓ = да
✗ = нет

42. rely upon, trust
43. threat
44. capable
45. to protect, to defend
46. comprehensive, nationwide
47. had to, was under the obligation

233

Глава 5. Российская армия

Лексика и грамматика

мигрант (n) – migrant

    миграция (n) – migration

поправка (n) – constitutional amendment

    поправлять/поправить (v) – to correct

вносить/внести поправку (expr) – to make an amendment

✏️ Army-related expressions

война (n) – war
    военный (adj) – military related
    военный (n) – a member of the military
    военный служба (expr) – military service
    военная кафедра (expr) – ROTC equivalent
    военная подготовка (expr) – military training
    военные сборы (expr) – military training camp
    военная полиция (expr) – military police
    воинская обязанность (expr) – conscription/daft
    военкомат (n) – draft office
призыв (n) – draft
    призывник (n) – draftee
    призывать/призвать (v) – to draft
уклоняться/уклониться (v) – to dodge/evade the draft
армия (n) – army
    армейский (adj) – army related
офицер (n) – officer
сержант (n) – sergeant
рядовой (n) – private
военнослужащий (n) – serviceman
действительная служба (expr) – active duty
мобилизационный резерв (expr) = **запас** – army reserve
откупиться от службы (expr) – to buy out from the draft

✏️ Geographic Names

Киргизия (n) – Kyrgyzstan
    киргизский (adj) – Kyrgyzstani
    киргиз/-ка (n) – a Kyrgyzstan national (m/f)
Узбекистан (n) – Uzbekistan
    узбекский (adj) – Uzbekistani
    узбек/узбечка (n) – an Uzbek national (m/f)
Монголия (n) – Mongolia
    монгольский (adj) – Mongolian
    монгол/монголка (n) – a Mongolian national (m/f)
Греция (n) – Greece
    греческий (adj) – Greek
    грек/гречанка (n) – a Greek national (m/f)
Албания (n) – Albania
    албанский (adj) – Albanian
    албанец/албанка (n) – an Albanian national (m/f)
Армения (n) – Armenia
    армянский (adj) – Armenian
    армямин/армянка/армяне (adj) – an Armenian national (m/f/pl)
Грузия – See chapter 2

Reminder

Although the names of countries are capitalized, their adjectival derivatives as well as the names of nationalities and languages are not: e.g. *Россия, but русский*

Глава 5. Российская армия

подобный (adj) = **похожий** – similar

освобождение от призыва (expr) – release from the draft

    освобождать/освободить (v) – to set free

    свобода (n) – freedom

буквально (adv) – literally

    буква (n) – a letter (of the alphabet)

пропущенный is a past passive participle of **пропускать/пропустить** (to miss, to skip)

    e.g. *пропущенная возможность* – a missed opportunity

независимо от (+ gen) (expr) – regardless

    e.g. *Встреча состоится независимо от погоды.*
    The meeting will take place regardless of the weather.

филиал (n) – an affiliate, a branch, or subsidiary

чтобы + inf (expr) – in order to

    e.g. *Делегаты встретились, чтобы подписать договор.*
    The participants met to sign the agreement.

прошедшие – those, who went through (past active participle of **пройти**)

зачислять/зачислить (v) – to enlist, to register, to become a part of

успеваемость (n) – academic performance

    хорошо/плохо/успевающий (expr) – student with a good/poor academic record

Вооружённые силы (expr) – armed forces

контрактник (n) – undrafted member of the armed forces

брать на службу по призыву (expr) – to enlist into the military service on a draft

предоставлять/предоставить (v) – to grant

гражданство (n) – citizenship

    гражданин/гражданка/граждане(!) (n) – citizens (Note the plural ending!)

> ✎ «**Проходить/пройти**»
>
> The verb **проходить/пройти** is often used to describe doing different types of army related activities
>
> e.g. *Проходить/пройти* + accusative *(военную службу, военную подготовку, военные сборы)*

Глава 5. Российская армия

по ускоренному варианту (expr) – on a fast track (lit. – in a expedited way)

направлять/направить (v) – to direct/to guide

    направлены на – are aimed at, (short past passive participle of **направить**)

предотвращение (n) – prevention

    предотвращать/предотвратить (v) – to prevent

преступление (n) – crime

    преступник/преступница (n) – a criminal (m/f)

на национальной почве (expr) – based on ethnic motives

славянин/славянка/славяне – person of Slavic origin (m/f/pl)

Кавказ (n) – Caucasus

    кавказкий (adj) – Caucasus related

    кавказец/кавказка/кавказцы – resident of the Caucasus Region (m/f/pl)

содержать (v, imp) – to keep, to place

раздельно (adv) – separately

наблюдать (v, imp) – to observe, to oversee

    наблюдатель (n) – observer. overseer

поручать/поручить (v) – to task

дальнее зарубежье (expr) – (lit. – far abroad) – countries which had never been a part of the former Soviet Union

подчиняться/подчиниться (v + dat) – to report to, to be under

полагаться/положиться (v) – to rely upon

угроза (n) – threat

способен (short adj. of **способный**) – capable

защищать/защитить (v) – to protect, to defend

всеобщий (adj) – comprehensive, nationwide

подлежать (v, imp) – to be subject to, to be obligated

Глава 5. Российская армия

Вопросы к теме

1. Какие поправки Дума внесла к закону о воинской обязанности?

2. Как можно освободиться от призыва в других странах?

3. Как будут проходить военную подготовку студенты вузов?

4. Какие студенты зачисляются в резерв и освобождаются от реальной военной службы?

5. Что ждёт плохоуспевающих студентов?

Глава 5. Российская армия

6. Как проходят службу граждане СНГ?

7. Что предлагает союз мигрантов России?

8. Какие части появятся в Российской армии?

9. Что будет сделано, чтобы предотвратить преступления на национальной почве в Российской армии?

10. Чем занимается военная полиция, и кому она подчиняется?

Глава 5. Российская армия

ТЕМА 2. РФ ВООРУЖИТ[1] КАИР И БЕЛГРАД

Самолёт МиГ-29

Министр обороны РФ за 2 дня посетил Сербию[2] и Египет.

По словам Минобороны, Россия собирается в ближайшее время подписать с этими странами соглашения по всем сферам сотрудничества между вооружёнными силами. На практике[3] это означает, что Россия возвращается в те регионы мира, которые раньше снабжались[4] российским оружием. Контакты с Сербией прервались[5] в 1992 г., когда РФ проголосовала[6] в ООН[7] за оружейное эмбарго[8] против Югославии. Египет переориентировался[9] на американское оружие ещё раньше. Теперь обе страны ищут[10] пути для получения российского оружия. Отношения Египта и США стремительно[11] ухудшаются[12]. Скоро американские самолёты F-16, закупленные[13] египтянами, могут остаться[14] без запчастей[15]. Поэтому новая власть ищет точку опоры[16] в России. Сейчас военно-техническое сотрудничество с Египтом, возобновившееся[17] в 2004 г., обещает выйти на уровень нескольких миллиардов долларов в год.

В Сербии ситуация для России не хуже. Белград уже имел опыт эксплуатации российских МиГ-29, на которые, кстати, претендует[18] и Египет. Кроме того, обе страны интересуются комплексами ПВО[19] С-300. Помимо чисто финансового, военно-политический интерес в сделках[20] есть и у России. Египет мог бы предоставить новые базы российскому ВМФ[21], и Сербия – не последняя страна на Балканах[22].

1. will arm (will supply weapons)
2. Serbia
3. in practical terms
4. were supplied with
5. were interrupted
6. voted
7. UN
8. weapons embargo
9. switched to (has reoriented toward)
10. are seeking
11. rapidly
12. worsening
13. purchased
14. remain
15. spare parts
16. support
17. resumed
18. is claiming/ is interested in
19. ABD – anti-ballistic missile
20. deals/transactions
21. Navy
22. Balkans

Глава 5. Российская армия

Лексика и грамматика

вооружать/вооружить (v) – to arm

Сербия (n) – Serbia

сербский (adj) – Serbian

серб/сербка (n) – Serb (m/f)

на практике (expr) = **практически** – in practical terms

> ✏️ **Weapon-related expressions**
>
> **оружие** (n) – weapon (used only in the singular!)
>
> **оружейный** (adj) – weapons related
>
> **вооружение** (n) – armament
>
> **Вооружённые силы** (expr) – armed forces
>
> **разоружение** (n) – disarmament

снабжать/снабдить (v) – to supply

снабжаться + inst (v) – to be supplied

e.g. *Страны, которые снабжаются российским оружием.*
Countries, supplied by Russian weapons.

снабжение (n) – supply

прерывать/прервать (v) – to interrupt

перерыв (n) – a pause/a break/a recess

голосовать/проголосовать (v) – to vote

ориентироваться на + acc (expr) – to be oriented towards something, to rely upon something

переориентироваться (v, imp) – to switch to, to reorient

искать (v, imp) – to seek, to look for (**я ищу**... **они ищт**)

стремительно (adv) = **быстро** – rapidly

хуже (adj, adv) – worse (comparative form of **плохой/плохо**)

ухудшаться (v, imp) – to be getting worse

ухудшение (n) – worsening

<u>The opposite</u>:

лучше (adj, adv) – better (comparative form of **хорошо/хороший**)

улучшаться (v, imp) – to improve

улучшение (n) – improvement

закупленные – past passive participle of **закупить** (v, perf) to buy (in large quantities)

оставаться/остаться (v) – to remain/to be left

запчасть (n) = **запасная часть** – a spare part

опора (n) – support

возобновлять (-**ся**)/**возобновить** (-**ся**) (v) – to renew/to be renewed

    возобновившиеся = **которые возобновились** – the renewed ones

претендовать на + acc (v, imp) – to claim

помимо (adv) = **кроме** – besides

сделка (n) – deal

Балканы (n) – the Balkans

Комплекс ПВО С-300

Глава 5. Российская армия

Вопросы к теме

1. Какие страны посетил министр обороны РФ?

2. Какие соглашения Россия собирается подписать с этим странами?

3. Что это означает на практике?

4. Когда прервались контакты с Сербией и почему?

5. Почему новая власть в Египте ищет точку опоры в России?

Глава 5. Российская армия

6. Какие перспективы военно-технического сотрудничества Минобороны РФ с Египтом?

_____
_____
_____

7. Какими вооружениями интересуются Сербия и Египет?

_____
_____
_____

8. Какой военно-политический интерес в этих сделках у России?

_____
_____
_____

Глава 5. Российская армия
ТЕМА 3. СОВМЕСТНЫЕ¹ УЧЕНИЯ² В СЕВЕРОДВИНСКЕ³

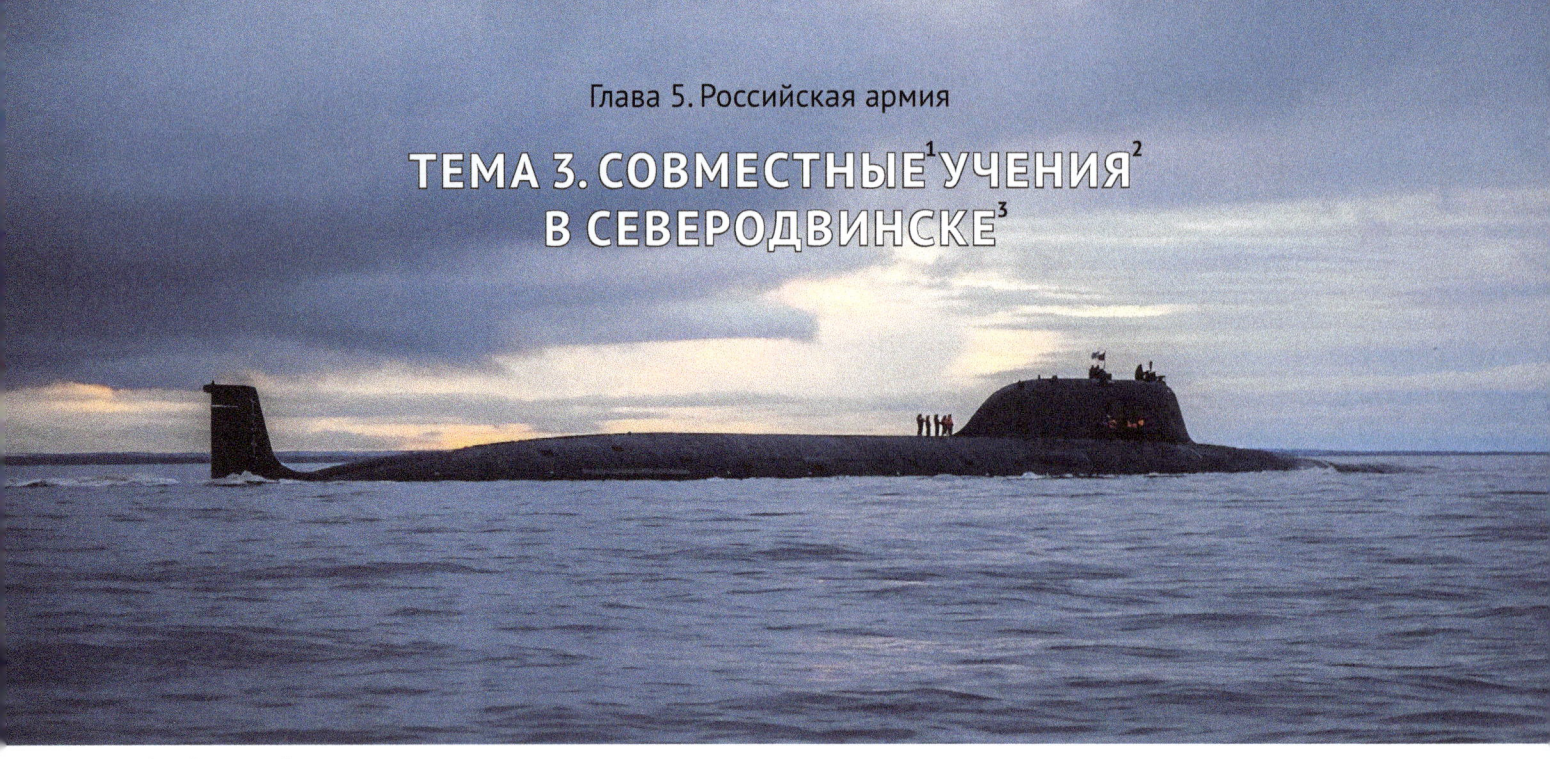

Подводная лодка

Президент РФ в компании президентов Армении, Беларуси, Киргизии и Таджикистана наблюдал с Центрального командного пункта (ЦКП) за ходом тренировки по управлению Вооружёнными силами. В ходе тренировки были успешно запущены⁴ 3 баллистические ракеты⁵ с земли⁶ и подводных лодок⁷, 6 крылатых ракет⁸ со стратегического бомбардировщика⁹, 2 ракеты комплекса ПВО С-300.

Россия в 2013 г. на третьем месте¹⁰ в мире по величине¹¹ военных расходов. По данным Стокгольмского международного института исследования проблем мира (SIPRI), РФ опередили¹² только США и Китай (см. таблицу).

1. joint
2. military exercises
3. a town in the far northwest of Russia
4. were launched
5. ballistic missiles
6. from the ground
7. submarines
8. cruise missiles
9. strategic bombers
10. ranks third
11. amount/number
12. is surpassed by

Военные расходы

Страны	В млрд долл.	В % ВВП
США	585	4,8
Китай	139	2
Россия	68,5	3,2
Великобритания	60	2,5

Глава 5. Российская армия

Проблема в том, что социальные расходы бюджета РФ уменьшаются[13] пропорционально[14] увеличению[15] военных трат[16]. На образование[17] – с 4,3% ВВП (2013 г.) до 4,1% (2014 г.). На здравоохранение[18] – с 3,7% ВВП до 3,5% соответственно[19]. В 2015 г. цифры ещё снизились. А на оборону только растут. В 2014 г. – 3,4% ВВП[20], в 2015 г. – 3,8%.

13. decrease
14. proportionally
15. increase
16. spendings
17. education
18. healthcare
19. respectively
20. GDP

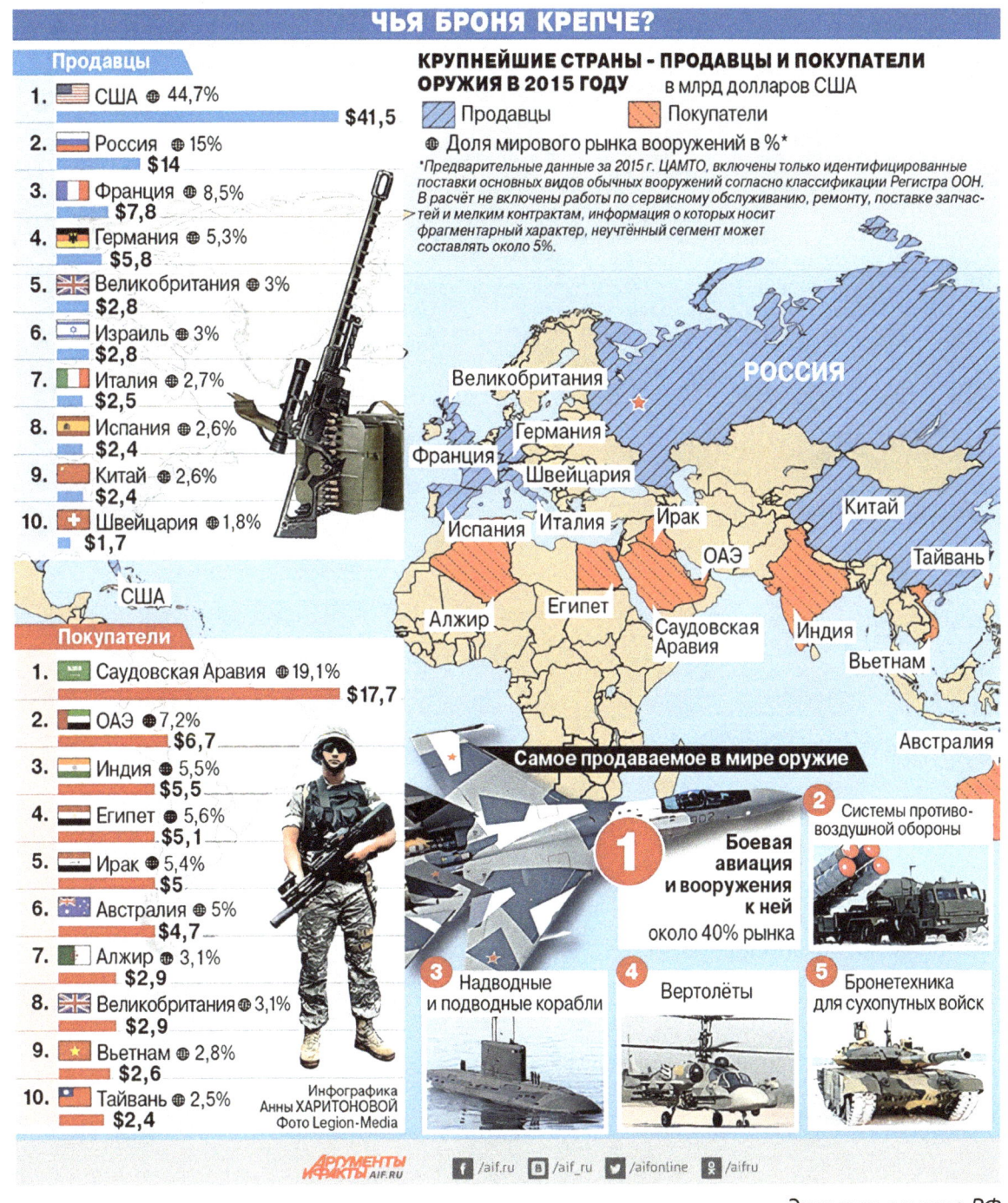

Экспорт оружия РФ

Глава 5. Российская армия
Лексика и грамматика

Баллистическая ракета

совместный (adj) – joint

> e.g. *совместная программа* – a joint program

учения (n, pl) = **манёвры** – military exercises (always plural)

Северодвинск (n) – a town in the far northwest of Russia

ЦКП – Central Command Point

запускать/запустить (v) – to launch

> **были запущены** – were launched

баллистическая ракета (n) – ballistic missile

подводная лодка (n) – submarine

крылатая ракета (n) – cruise missile

стратегический бомбардировщик (n) – strategic bomber

величина (n) – amount/magnitude

опережать/опередить (v) – to leave behind/to surpass

Reminder

To describe statistic ranking, use the following model:
на + ordinal number in the prep case + **месте**

e.g. *на первом месте* – ranks first (literally in the first *place*)

уменьшать (-ся)/уменьшить (-ся) (v) – to decrease/to be decreased

меньше (adv) – less

уменьшение (n) – a decrease

syn: **снижать (-ся)/ снизить (-ся)** (v), **снижение** (n)

пропорционально (adv) – proportionally, respectively

увеличение (n) – increase/growth

увеличивать (-ся)/увеличить (-ся) (v) – to increase/to be increased

syn: **расти/вырасти** (v), **рост** (n)

трата (n) – spending

тратить/потратить (v) – to spend

образование (n) – education

здравоохранение (n) – healthcare

ВВП (abbriv) – **Всеобщий валовый продукт** – GDP

Крылатая ракета

Глава 5. Российская армия
Вопросы к теме

1. Что делал президент РФ в Северодвинске?

2. Какие вооружения были успешно испытаны (**испытывать/испытать** (v) – to test) во время тренировки?

3. Какое место в мире Россия занимает по величине военных расходов?

4. В чём проблема роста военного бюджета для РФ?

Глава 5. Российская армия

Express it in Russian

1. The Duma has made amendments to the military conscription law which provide an option to buy out from the military service.

2. Students of all institutions of higher learning will be obligated to do military service.

3. Students who did summer military camp are enlisted in the reserve and are exempt from active military service.

4. Citizens from the former Soviet Union are allowed to serve in the Russian armed forces on a contractual basis.

5. The migrants Union of Russia propose to form units based on the ethnicity to prevent racially motivated crimes.

6. Russia is returning to the regionc which шере previously supplied with Russian weapons.

7. Ballistic and cruise missiles were successfully launched during the training exercises in Severodvinsk.

8. Russia ranks third in the world in military expenses after the US and China.

9. The problem is that the social expenses in the Russian budget are going down in proportion to the growth of the defense budget.

Глава 5. Российская армия

Chapter Five Topical Vocabulary

баллистическая ракета (n) – ballistic missile

буквально (adv) – literally

буква (n) – a letter (of the alphabet)

Б

величина (n) – amount/magnitude

возобновлять (**-ся**)/**возобновить** (**-ся**) (v) – to renew/to be renewed

возобновились – the renewed ones

вооружать/вооружить (v) – to arm

всеобщий (adj) – comprehensive, nationwide

выполнять/выполнить (v) – to fulfill

В

голосовать/проголосовать (v) – to vote

гражданство (n) – citizenship

гражданин/гражданка/граждане(!) (n) – citizens (Note the plural ending!)

Г

закупленные – past passive participle of **закупить** (v, perf) to buy (in large quantities)

запускать/запустить (v) – to launch

    были запущены – were launched

запчасть (n) = **запасная часть** – a spare part

зачислять/зачислить (v) – to enlist, to register, to become a part of

защищать/защитить (v) – to protect, to defend

здравоохранение (n) – healthcare

З

искать (v, imp) – to seek, to look for

И

К
комплектовать/укомплектовать (v) – to form

укомплектованные – past passive participle of **укомплектовать**

контрактник (n) – undrafted member of the armed forces

крылатая ракета (n) – cruise missile

Л
лучше (adj, adv) – better (comparative form of **хорошо/хороший**)

М
мигрант (n) – migrant

миграция (n) – migration

Н
наблюдать (v, imp) – to observe, to oversee

наблюдатель (n) – observer. overseer

направлять/направить (v) – to direct/to guide

направлены на – are aimed at, (short past passive participle of **направить**)

О
образование (n) – education

оборона (n) – Defense

Минобороны (n) – Department of defense

комитет по обороне – committee for defense

опережать/опередить (v) – to leave behind/to surpass

опора (n) – support

оставаться/остаться (v) – to remain/to be left

П
переориентироваться (v, imp) – to switch to, to reorient

прерывать/прервать (v) – to interrupt

перерыв (n) – a pause/a break/a recess

Глава 5. Российская армия

полагаться/положиться (v) – to rely upon

подводная лодка (n) – submarine

подлежать (v, imp) – to be subject to, to be obligated

подобный (adj) = **похожий** – similar

подразделение (n) – a subdivision

подчиняться/подчиниться (v + dat) – to report to, to be under

помимо (adv) = **кроме** – besides

поправка (n) – constitutional amendment

поправлять/поправить (v) – to correct

поручать/поручить (v) – to task

появляться/появиться (v) – to appear

предоставлять/предоставить (v) – to grant

предотвращение (n) – prevention

предотвращать/предотвратить (v) – to prevent

преступление (n) – crime

преступник/преступница (n) – a criminal (m/f)

претендовать на + acc (v, imp) – to claim

пропорционально (adv) – proportionally, respectively

пропущенный – is a past passive participle of **пропускать/пропустить** (to miss, to skip)

прошедшие – Those, who went through (past active participle of **пройти**)

раздельно (adv) – separately

сделка (n) – deal

славянин/славянка/славяне – person of Slavic origin (m/f/pl)

снабжать/снабдить (v) – to supply

Глава 5. Российская армия

С

снабжаться + inst (v) – to be supplied

снабжение (n) – supply

совместный (adj) – joint

    e.g. **совместная программа** – a joint program

содержать (v, imp) – to keep, to place

соответствующие (adj) – corresponding, relevant

способен (short adj. of **способный**) – capable

стратегический бомбардировщик (n) – strategic bomber

стремительно (adv) = **быстро** – rapidly

Т

трата (n) – spending

тратить/потратить (v) – to spend

требование (n) – a demand

требовать/потребовать (v) – to demand

У

увеличение (n) – increase/growth

увеличивать (-ся)/увеличить (-ся) (v) – to increase/to be increased

    syn: **расти/вырасти** (v), **рост** (n)

угроза (n) – threat

улучшаться (v, imp) – to improve

улучшение (n) – improvement

уменьшать (-ся)/уменьшить (-ся) (v) – to decrease/to be decreased

    меньше (adv) – less

уменьшение (n) – a decrease

успеваемость (n) – academic performance

учения (n, pl) = **манёвры** – military exercises (always plural)

филиал (n) – an affiliate, a branch, or subsidiary

хуже (adj, adv) – worse (comparative form of **плохой/плохо**)
    ухудшаться (v, imp) – to be getting worse
    ухудшение (n) – worsening

часть (n) – an army unit

Глава 5. Российская армия

Expressions

брать на службу по призыву (expr) – to enlist into the military service on a draft

вносить/внести поправку (expr) – to make an amendment

Вооружённые силы (expr) – armed forces

дальнее зарубежье (expr) – (lit. – far abroad) – countries which had never been a part of the former Soviet Union

на национальной почве (expr) – based on ethnic motives

на практике (expr) = **практически** – to practical terms

независимо от (+ gen) (expr) – regardless

ориентироваться на + acc (expr) – to be oriented towards something, to rely upon something

освобождение от призыва (expr) – release from the draft

    освобождать/освободить (v) – to set free

    свобода (n) – freedom

по национальному признаку (expr) – according to ethnic origin

по ускоренному варианту (expr) – on a fast track (lit. – in a expedited way)

чтобы + inf (expr) – in order to

    e.g. *Делегаты встретились, чтобы подписать договор.*
The participants met to sign the agreement.

хорошо/плохо/успевающий (expr) – student with a good/poor academic record

Geografic names

Албания (n) – Albania

Балканы (n) – the Balkans

Греция (n) – Greece

Кавказ (n) – Caucasus

Киргизия (n) – Kyrgyzstan

Монголия (n) – Mongolia

Северодвинск (n) – a town in the far northwest of Russia

Сербия (n) – Serbia

Узбекистан (n) – Uzbekistan

Acronyms

ЦКП (abbriv) – **Центральный командный пункт** – Central Command Point

ВВП (abbriv) – **Всеобщий валовый продукт** – GDP

RUSSIAN-ENGLISH GLOSSARY

А

автозавод (n) – car factory

ад (n) – hell

актуальный (adj) – topical, vital

акции (n, pl) – stock

акционер (n) – stock holder

арестовывать/арестовать (v) – to arrest

арктический – arctic

Астана (n) – Astana

Б

база (n) – base, basis

Балканы (n) – the Balkans

баллотироваться (v, imp) – to run for a political post

безлюдный (adj) – unpopulated

безопасность (n) – security and safety

безработица (n) – unemployment

безработный (adj) – unemployed

безупречный (adj) – impeccable, perfect

безъядерный статус (expr) – nuclear-free status

Беларусь (n) – Belarus

биржа (n) – stock exchange

благо (n) – benefit

благодарить/поблагодарить (v) – to thank

благодарность (n) – gratitude

благосостояние (n) – well-being

Ближний Восток (n) – The Middle East

Б

ближний круг (=**близкий**) – close circle.

богатство (n) – wealth, riches

богатый (adj) – rich, wealthy

богач (n) – wealthy man

бороться (v) – to struggle, to fight

борьба (n) – a struggle, fight

брать на службу по призыву (expr) – to enlist into the military service on a draft

Будапешт (n) – Budapest (capitol of Hungary)

будущее (n) – future

буквально (adv) – literally

бывший (adj) – former

бюджет (n) – budget

бюджетный (adj) – budget related

В

в будущем (expr) – in the future

в одностороннем порядке (expr) – unilaterally

в рамках (expr) – within the framework of

в свою очередь (expr) – in his/her/ their turn

в случае + gen (expr) – in the case of/if

в ходе + gen (expr) – during, in the course of

важность (n) – importance

важный (adj) – important

везде (adv) – everywhere

век (n) – century

Венгрия (n) – Hungary

вернувший – who brought back (past active participle of **вернуть**)

В

верховный – superior

вести (v) – to lead, to take someone somewhere (on foot)

вести себя (expr) – to behave

весь/вся/всё (adj, m/f/n) – entire/whole

взаимный (adj) mutual, reciprocal

взамен (expr) – in exchange

взгляд (n) – view, glance

взрослый (adj) – adult

видимость (n) – illusion

Византия (n) – Byzantine Empire

вина (n) – guilt

виноват (adj) – guilty

вклад (n) – investment, contribution

вкладывать/вложить (v) – to invest

включать/включить (v) – to include

владелец (n) ¬– owner

владеть/овладеть (v) – to possess, to own

власть (n) ¬– power

влияние (n) – influence

влияние (n) – influence, impact

влиять/повлиять (v) – to influence, to impact

влиять/повлиять на + acc (v) – to influence, to be an influence of

вмешиваться/вмешаться + **в** + acc (v) – to interfere

внешний (adj) – external

внешняя политика (n) – foreign policy

вносить/внести поправку (expr) – to make/amend

Russian-English Glossary

внутренний (adj) – internal

водород (n) – hydrogen

военный (adj) – military

возвращать/вернуть (v) – to bring back

возвращать/возвратить (v) – to return, bring back

возвращение (n) – return

возможность (n) – possibility, opportunity

возможный (adj) – possible, probable

возобновлять (-ся)/возобновить (-ся) (v) – to renew

возрождать/возродить (v) – to revive

возрождение (n) – revival, rebirth

война (n) – war

вооружать/вооружать (v) – to arm, to enable

вооружение (n) – armament/weapon

Вооружённые Силы – armed forces

воплощать/воплотить (v) – to implement, to embody

вор (n) – thief

воровать (v, imp) – to steal

воровство (n) – thievery

воспользоваться + instr (v) – to take advantage (of something), to benefit (from something)

восстанавливать/восстановить (v) – to rebuild, restore

восстановление (n) – rebuilding, reconstruction, restoration

восток – east

восточный – eastern

впервые (adv) – for the first time

врать/со(на)врать (v) – to lie (informal)

В

всеобщий (adj) – comprehensive, nationwide

вступить/вступить в + acc (v) – to join a political (or military) organization.

выборы (n, pl) – elections

вывеска (n) – street sign

выводить/вывести (v) – to move out, to remove

выгода (n) – benefit, advantage

выгодный (adj) – advantageous, profitable

выдавать/выдать (v) – to issue

выданный (expr) – past passive participle of **выдать** – issued

выдача (n) – extradition

выделять/выделить (v) – to allocate

вызов (n) – challenge

выкупать/выкупить (v) – to buy out

выплачивать/выплатить (v) – to pay off

выполнять/выполнить (v) – to fulfill

высокий (adj) – high

выступать/выступить + **за** + acc (v) – to stand for

выступать/выступить в роли (v) – to play the part of

выше (comp. adj) – higher

Г

газ (n) – gas

газовый (adj) – gas related

гарант (n) – guarantor

гарантировать (v) – to guarantee

гарантия (n) – guarantee

геополитика (n) – geopolitics

глава государства (expr/n) – Head of State

главнокомандующий – commander in chief

голосова́ние – voting

голосовать – to vote

голосовать/проголосовать (v) – to vote

гордиться (v) + instr. – to be proud

государство (n) – state

Государственная Дума (n) – The State Duma

гражданин/гражданка/граждане(!) (n) – citizens (Note the plural ending!)

гражданин (n) – citizen

гражданство (n) – citizenship

Грузия (n) – Georgia

губернатор (n) – governor

дальнее зарубежье (expr) – (lit. – far abroad) – countries which had never been a part of the former Soviet Union

дальнейший (adj) – further, next (figurative way)

дальний (adj) – farthest, remote (physically)

данные (n) – data

даются – are given (present passive voice of **даваться**)

двусторонний (adj) – bilateral

девальвация (n) – devaluation

деваться/деться + **от** + gen (v) – to escape from

действие (n) – action

действовать (v) – to act

делить/поделить (v) – to divide

дело (n) – business

Д

деловой (adj) – business related

демографический (adj) – demographic

демократический (adj) – democratic

демократия (n) – democracy

демонстрант (n) – a protester

демонстрация (n) – a demonstration

денежный (adj) – monetary, related to money

денежный перевод (n) – money transfer

депутат (n) – deputy

дефицит (n) – shortage

деятель (n) – activist

деятельность (n) – activities, record

деятельность (n) – activity

дифференция (n) – difference (=**разница**)

длина (n) – length

длинный (adj) – long

длиться/продлиться (v) – to last, to continue

до сих пор (expr) – until now

добиваться/добиться (v) – to achieve

добрососедство (n) – good-neighborliness

добывать/добыть (v) – to mine, extract

доверие (n) – trust

доверять/доверить (v) – to trust

довольно (adv) – rather

договариваться/договориться (v) – to agree on something

договор (n) – treaty, agreement

Д

догонять/догнать (v) – to catch up

долг (n) – debt

дополнительный (adj) – additional

дополнять/дополнить (v) – to add

достигать/достичь (v) – to reach

дотация (n) – subsidy (typically from the government)

доход (n) – income

дружба (n) – friendship

дружеский (adj) – friendly

Е

Евразийский Экономический Союз (n) – Eurasian Economic Union

Евразия (n) – Eurasia

Египет (n) – Egypt

единение (n) – unification

единое экономическое пространство (n) – Common economic space

единый (adj) – united, common

ежеквартально (adj) – quarterly

ельцинский (adj) – related to Boris Yeltsin.

Ж

желание (n) – intent, wish

желать/пожелать + gen (v) – to wish

жёсткий (adj) – strict, rigid, tough

З

заботиться/позаботиться + **о** + prep (v) – to take care of

заваливать/завалить (v) – to oversupply

завершать/завершить (v) – to end

зависеть от + gen (v) – to depend on

зависимость + **от** + gen (v) – dependency (on something)

загранпаспорт (n) – passport for foreign travel

задача (n) – task

задержание (n) – arrest (=**арест**)

задерживать/задержать (v) – to arrest, to detain

заём (n) – loan

заказ (n) – order, request

заказывать/заказать (v) – to order, to commission

заключать/заключить (v) – to conclude, to make (an agreement)

заключение (n) – concluding, conclusions

закон (n) – law

законодательный (adj) – legislative

закупить (v, perf) – to buy (in large quantities)

закупка (n) – a large purchase

закупленные – past passive participle of

занимать/занять (v) – to occupy/borrow

запад (n) – West

западный (adj) – Western

запас (n) – reserve

заплата (n) – wage, salary

заповедник (n) – nature reserve

запредельный (adj) – overwhelming

запустение (n) – neglect, abandonment

запутываться/запутаться (v) – to be confused

запчасть (n) = **запасная часть** – a spare part

Russian-English Glossary

заработок (n) – earning

зарабатывать/заработать (v) – to earn

зарождаться/зародиться (v) – to emerge, to appear

зарубежный (adj) – foreign

заседание (n) – session, high level meeting

заселять/заселить (v) – to populate

затрагивать/затронуть (v) – to touch upon

затрудняться/затрудниться (v) – to find it difficult

защита (n) – defense, protection

защитник (n) – defender

защищать/защитить (v) – to defend, to protect

заявление (n) – statement/declaration

заявлять/заявить (v) – to declare, to state

зерно (n) – grain

знак (n) – sign

знаменитый (adj) – famous

знание (n) – knowledge

значительный (adj) – considerable

зона (n) – zone

иго (n) – yoke (oppression)

избирательный (adj) – electoral

избирательное право (adj + n) – suffrage, voting right

избирать/избрать (v) – to elect

издавать/издать (v) – to publish

изменять/изменить (v) – to change

И

имени + gen (expr) – named after

именно (adv) – exactly, precisely

империя (n) – empire

импортировать (v) – to import

иначе (adv) – differently, otherwise

инвестировать в + acc (v) – to invest in (something)

инвестиция (n) – investment

инновация (n) – innovation

исключать/исключить (v) – to exclude

«Исламское государство» (ИГ) (n) – Islamic State

исполнительный (adj) – executive

использование (n) – utilization

использовать (v, imp) – to use

исследование (n) – research, study

исследовательский (adj) – related to research

истинный (adj) – true, real

итог (n) – result, summary

К

карман (n) – pocket

карьера (n) – career

касаться + gen (v) – to concern

качество (n) – quality

кинорежиссёр (n) – film director

Китай (n) – China

климат (n) – climate

климатический (adj) – climatic

Russian-English Glossary

ключевой (adj) – key

князь (n) – prince

когда-нибудь (adv) – someday (in the future)

количество (n) – quantity

коллега (n) – colleague

континентальный (adj) – continental

коренной житель (expr) – indigenous inhabitants

коррумпированный (adj) – corrupt

коррупция (n) – corruption

край (n) – region

крах (n) – collapse

кредит (n) – credit

кредитовать (v) – to give credit

крепкий (adj) – strong

кризис (n) – crisis

кризисный (adj) – crisis related

кроме + gen (expr) – besides

круг (n) – circle

крупный (adj) – large

Крым (n) – Crimea

курорт (n) – resort

лгать/солгать (v) – to lie (formal)

лес (n)/**леса** (pl) – wood(s)

лесной (adj) – forest related

летать (v) – to fly (multidirectional, imperfective)

Л

лететь (v) – to fly (unidirectional, imperfect)

либерализация (n) – liberalization

либерализировать (v, imp) – to liberalize

личный (adj) – personal

ложь (n,f) – a lie (formal)

лозунг (n) – motto, slogan

льгота (n) – privilege, perk, benefit

М

малый (adj) – small (used only in the context of businesses)

маршрут (n) – route

медицинский (adj) – medical

между (adv, prep) – between

международные отношения (n, expr) – international relations

межконтинентальная баллистическая ракета (n) – Intercontinental Ballistic Missile

менталитет (n) – mindset

мероприятие (n) – event

меры (n, pl) – measures

местный (adj) – local

мечта (n) – dream

мечтать (v, imp) – to dream

миллиардер (n) – billionaire

Министерство внутренних дел (МВД) (n) – Ministry of Internal Affairs

Министерство иностранных дел (МИД) (n) – Ministry of Foreign Affairs

Министерство промышленности и торговли (n) – Ministry of Industry and Trade

мир (n) – world, peace

M

мириться + **с** + instr. (v) – to put up with/tolerate

митинг (n) – protest demonstration

митинговать (v) – to protest (=**протестовать**)

модернизация (n) – modernization

модернизировать (v, imp) – to modernize

молодёжный (adj) – related to young people

молодёжь (n, f) – youth, young people

молочный (adj) – dairy

монарх (n) – monarch

монархический (adj) – related to the

монархия (n) – monarchy

морской (adj) – marine

муссонный (adj) – monsoon

мэр (n) – mayor

мясной (adj) – meat related

Н

на деле (expr) – in reality

набирать/набрать (v) – to score, to get

нагрузка (n) – load

надвигающийся (adj) – impending, approaching

надёжный (adj) – reliable

назначать/назначить (v) – to appoint

наименее (adv) – the least

найти работу (expr) – to get a job

нападать/напасть на + acc (v) – to attack

направление (n) – trend, direction

Н

направлять/направить (v) – to direct

наращивание (n) – building up, growing

народ (n) – people

нарушать/нарушить (v) – to violate, to break

население (n) – population

наследник (n) – an heir (inheritor)

национальность (n) – nationality

невмешательство (n) – non-interference

неоднозначный (adj) ambiguous, unclear (literal – with more than one meaning)

несанкционированный – unauthorized (past passive participle of **санкционровать**) (v, imp)

несмотря на + acc (expr) – in spite of

несчастный случай (expr) – accident

ниже (comp. adj/adv) – lower

низкий (adj) – low

нищета (=**бедность**) (n) – poverty, misery

нищий (adjectival noun) – a beggar

номинал (n) – nominal value

норма (n) – norm, standard

нормализация (n) – normalization

нынешний (adj) – current, present

О

обделять/обделить + instr (v) – to be deprived, to not have enough

обеспеченный (adj) – well-to-do

обеспечивать/обеспечить (v) – to supply

обещание (n) – a promise

обещать/пообещать (v) – to promise

область (n) – territory

обман (n) – deceit

обманывать/обмануть (v) – to deceive

обмен (n) – exchange

обменивать/обменять + acc (v) – to exchange

обнаруживать/обнаружить (v) – to find out

образ (n) – image

образование (n) – education

обращаться/обратиться за + acc (v) – to turn for something

обстановка (n) – situation

обсуждать/обсудить (v) – to discuss

обсуждение (n) – discussion

общаться/пообщаться + inst (v) – to communicate

общение (n) – contacts/interaction

общепризнанный (adj) – generally recognized

общий (adj) – total

объединение (n) – unity

объединять/объенить (v) – to unite (political)

объясняться/объясниться (v) – to communicate, to make oneself understood

огромный (adj) – enormous

однозначный (adj) – unanimous

ожидание (n) – expectation

ожидать (v) – to expect

озеро (n)/**озёра** (pl) – lake(s)

оказываться/оказаться (v) – to prove to be/turn out to be

O

океан (n) – ocean

опираться/опереться (v) – to rely on, to lean upon

оплачивать/оплатить (v) – to pay off

опора (n) – support

оправдывать/оправдать (v) – to justify

относиться к (v) – to feel about somebody/something

опрос (n) – polls

организатор (n) – organizer

организовывать/организовать (v) – to organize

ориентироваться на + acc (v) – to look up to, to get close to

оружие (n) – weapons

осадки (n, pl) – precipitation

осаждать/осадить (v) – besiege

освобождать/освободить (v) – to set free

освобождение от призыва (expr) – release from the draft

османская империя (n) – Osman/Ottoman Empire

основа (n) – foundation

основной (adj) – main

особенный (adj) – special

особый (adj) – special

оставаться/остаться (v) – to remain

осуждать/осудить (v) – to charge/sentence

осуществлять/осуществить (v) – implement, exercise

отделять/отделить (v) – to separate

отечественный (adj) – from one's country, local, domestic

откровенный (adj) – sincere, candid

Russian-English Glossary

О

отменять/отменить (v) – to cancel

отмечать/отметить (v) – to note

отношение + **к** + dat (expr) – attitude towards

отношения (n, pl) – relations

отрицательный (adj) – negative

оценивать/оценить (v) – to evaluate

очевидный (adj) – obvious

очередной (adj) – next in sequence

П

падать/упасть (v) – to fall, to drop

партийный (adj) – party related

партия (n) – a political party

партнёрство (n) – partnership

пенсионер (n) – pensioner, retired person

пенсия (n) – pension

переводить/перевести (v) – to transfer

перевоплощаться/перевоплотиться (v) – to turn into, lit. to reincarnate into

переговоры (n, always plural) – negotiations

перегонять/перегнать (v) – to surpass/to overtake

передавать/передать (v) – to transfer, to transmit

передача (n) – a transfer, a television program

перезагружать/перезагрузить (v) – to reboot/restart

перезаселение (n) – overpopulation

перезаселять/перенаселение (v) – to overpopulate

переориентироваться (v, imp) – to switch to, to reorient

(пере)распределение (n) – (re)distribution

П

перерыв (n) – a pause/a break/a recess

переселение (n) – resettlement

переселять/переселить (v) – to resettle

переход (n) + **к** – transition to...

переходный (adj) – transitional

перспектива (n) – prospect, future

прерывать/прервать (v) – to interrupt

площадь (n) – area

по национальному признаку (expr) – according to ethnic origin

по нормам – according to the norms/standards

по сведениям (expr) – according to the data

по случаю + gen (expr) – on the occasion of

по ускоренному варианту (expr) – on the fast track (lit. – in an expedited way)

победа (n) – victory

побежать/победить (v) – to win

повестка дня (expr) – agenda

повышать/повысить (v) – to promote

повышение (n) – promotion, increase

под лозунгом (expr) – under the motto/slogan

подаваться/положиться (v) – to rely upon

поддерживать/поддержать (v) – to support

поддержка (n) – support

подлежать (v, imp) – to be subject to, to be obligated

поднимать/поднять (v) (syn: **повышать/повысить**) – to raise

подобный (adj) = **похожий** – similar

подписывать/подписать (v) – to sign

подразделение (n) – a subdivision

подтверждать/подтвердить (v) – to confirm

подчёркивать/подчеркнуть (v) – to empathize, to underscore

подчиняться/подчиниться (v + dat) – to report to, to be under

поездка (n) – trip, journey

позади (adv) – behind

позволять/позволить (v) – to allow

поиск работы (expr) – job search

показатель (n) – index, indicator

поколение (n) – generation

покровительство (n) – patronage

покупка (n) – a purchase

полезный (adj) – useful

полностью (adv) – fully

полный (adj) – full

половина (n) – a half

положение дел (expr) – status, state of affairs

положительный (adj) – positive

польза (n) – use, benefit

помимо (adv) = **кроме** – besides

помимо этого (expr) – besides that

помощь (n) – help

понижать/понизить (v) – to demote, to decree

понижение (n) – demotion, decrease

поправка (n) – constitutional amendment

поправлять/поправить (v) – to correct

П

попытка (n) – an attempt

порабощать/поработить (v) – to enslave

порабощённый (past participle) – enslaved

порождать/породить (v) – to generate

порой (adv) – sometimes, occasionally

портить/испортить (v) – to spoil, ruin

поручать/поручить (v) – to task

посещать/посетить (v) – to visit

последовательно (adv) – consistently

последствие (n) – consequence

последующий (adj) – subsequent, following

поставка (n) – supply

поставлять/поставить (v) – to supply

постановление (n) – ruling, decree

постоянный (adj) – constant

постсоветский (adj) – post-Soviet

потеря (n) – a loss

поток (n) – flow, stream

потребитель (n) – consumer

потреблять/потребить (v) – to consume

потребность (n) – need

похож/-а/-е/-и + на + acc (expr) – To look like something, to resemble

появляться/появиться (v) – to appear

правило (n) – rule

правитель (n, m) – ruler

правительство (n) – government

правление (n) – rule

право (n) – a legal right, law (as an academic subject)

правосудие (n) – justice

праздник (n) – holiday, celebration

праздновать/отпраздновать (v) – to celebrate

праздноваться (v) – to be celebrated

превращать (-**ся**)/**превратить** (-**ся**) – to turn (be turned) into...

превращение (n) – turning into

предоставлять/предоставить (v) – to grant

предотвращать/предотвратить (v) – to prevent

предотвращение (n) – prevention

предприниматель (n) – entrepreneur

председатель (n) – Chairman

представитель (n) – representative

представлять собой (expr) – to be like (formal usage)

представлять/представить (v) – to introduce, to present

предусматривать/предусмотреть (v) – to plan, project

предыдущий (adj) – past

преимущество (n) – advantage

прекращать/прекратить (v) – to stop, cease

преобладать (v) – to prevail

преодолевать/преодолеть (v) – to overcome

преступление (n) – crime

преступник/преступница (n) – a criminal (m/f)

претендовать на + acc (v, imp) – to claim

претензия (n) – claim, ambition

П **при этом** (expr) – at the same time

приватизационный (adj) – related to privatization

приватизация (n) – privatization

приватизировать (v, imp) – to privatize

прививать/привить (v) – to instill

привыкать/привыкнуть + к + dat (n) – to get accustomed

привычка (n) – habit

привычно (adj) – habitually

привычный (adj) – habitual

приданое (n) – a dowry

приезжая (imperfective gerund of **приезжать** (when)) –arriving

приемник (n) – successor

признавать/признать (v) – to acknowledge

признанный – past passive participle of **признать**

принимать/принять (v) – to adopt, to accept, to receive (a person)

природа (n) – nature

природный (adj) – climatic

присоединение (n) – joining

присоединяться/присоединиться + **к** + dat (v) – to join (in reference to countries and people)

причина (n) – reason, cause

проводить/провести (v) – to conduct, to carry out

провозглашать/провозгласить (v) – to declare

провозглашение (n) – declaration/proclamation

продолжатель (n) – successor, follower

продолжать/продолжить (v) – to continue

производить/произвести (v) – to produce, to manufacture

производство (n) – production, manufacturing

происходить/произойти (v) – to occur, to take place

промышленность (n) – industry

промышленный (adj) – industrial

пропагандировать (v, imp) – to promote

прорыв (n) – breakthrough

просить/попросить (v) – to ask a favor

простой (adj) – simple

пространство (n) – space, area

просьба (n) – a request

протест (n) – protest

протестовать/запротестовать (v) – to protest

протестующий (n) – a protester

противодействие + dat (n) – counterattacking

противодействовать + dat (v) – to counteract

противоречие (n) – contradiction

противоречить + dat (v) – to contradict

прошедшие – Those, who went through

прошлое (n) – past

проявлять/проявить (v) – to display

прямо́е голосова́ние (n) – direct ballot

прямой (adj) – direct

публиковать/опубликовать (v) – to publish

публикуются (v) – are published

пустыня (n) – desert

путём (n) – by means of

П

пшеница (n) – wheat

пытаться/попытаться (v) – to try, to attempt

Р

работоспособный (adj) – able to work

равноправие (n) – equality

равноправный (adj) – equal, having the same rights

радикальный (adj) – fundamental, radical

разваливать/развалить (v) – to bring into decline

разваливающийся (present active participle) – falling apart, declining

развивать/развить (v) – to develop

развитие (n) – development

раздельно (adv) – separately

разделяться/разделиться (v) – to differ, to split

разница (n) – difference

разногласие (n) – a difference in opinion.

разоружение (n) – disarmament

рай (n) – paradise

распад (n) – collapse, disintegration

расположен (v) – is situated

(пере)распределение (n) – (re)distribution

распределять/распределить (v) – to distribute

расследование (n) – investigation

расследовать (v) – to investigate

рассчитывать/расчитать (v) – to calculate, to count upon

расти/вырасти (v) – to grow

растущий – growing (present, active participle of **расти** – to grow)

расход (n) – expense

расширение (n) – expansion

расширять/расширить (v) – to expand

реальность (n) – reality

реальный (adj) – real

региональный (adj) – regional

резко-континентальный (adj) – sharply continental

река (n) – river

религиозный (adj) – religious

религия (n) – religion

реплика (n) – remark/phrase

республика (n) – republic

республиканский (adj) – republican

ресурс (n) – a resource

реформа (n) – reform

реформировать (v, imp) – to reform

решать/решить (v) – to resolve, to decide

решение (n) – solution, decision

ровный (adj) – even, steady, smooth

роль (n) – a role

рост (n) – growth, an increase

руководитель (n) – leader

руководить (v, imp) – to lead

руководство (n) – leadership

рынок (n) – market

рыночная экономика (n) – a market economy

С

самый дешёвый (adj, superlative) – the cheapest

Сбербанк (n) – savings bank

сбережения (n, pl) – savings

сведения (pl) – data, information

свобода (n) – freedom

свободный (adj) – free, vacant

своеобразный (adj) – peculiar, unusual

связь (n) – connection, link

сгружать/сгрузить (v) – to demand

сделка (n) – deal

север (n) – North

северный (adj) – Northern

сельская местность (adj. + n) – rural area

сельское хозяйство (n) – agriculture

сельскохозяйственный (adj) – agricultural

середина (n) – middle

сила (n) – strength, force

сильный (adj) – strong

Сирия (n) – Syria

скупать/скупить (v) – to buy in bulk

скучать по – to miss somebody/something, to be nostalgic about

славянин/славянка/славяне – person of Slavic origin (m/f/pl)

след (n) – track

следователь (n) – investigator

следовательно (adv) – therefore

следовать/последовать (v) – to follow

следствие (n) – investigation

сложный (adj) – complicated

случай (n) – occasion

случайный (adj) – accidental

смена (n) – replacement (lit), new generation (metaphorically)

снабжать/снабдить (v) – to supply

снабжаться + inst (v) – to be supplied

снабжение (n) – supply

снижать/снизить (v) – to lower, to decrease

снижение (n) – a decrease

собрание (n) – assembly, meeting

собственность (n) – property

событие (n) – an event

совет (n) – council

Совет Федерации – Council of the Federation

совместное предприятие (n) – joint venture

совместный (adj) – joint

совпадение (n) – coincidence

совсем (expr) – not in the least, not at all

согласие (n) – consent

соглашение (n) – agreement

содействие + dat (n) – cooperation

содействовать + dat (v) – to contribute, support

содержать (v, imp) – to keep, to place

соединять/соединить (v) – to connect (technical)

сообщать/сообщить (v) – to inform, to communicate

С

соответствующие (adj) – corresponding, relevant

состав (n) – composition

состояние (n) – condition

состояться (v) – to take place

сотрудник (n) – a male employee

сотрудница (n) – a female employee

сотрудничать (v) – to cooperate, to collaborate

сотрудничество (n) – cooperation

социолог (n) – sociologist

социология (n) – sociology

сочетание (n) – combination

сочетать (v, imp) – to combine

Союз Советских Социалистических Республик (СССР) – The Union of Soviet Socialist Republics

список (n) – list

спор (n) – an argument, a debate

спорить/поспросить (v) – to argue

способен/-бна/-ны (short adjective of **способный**) – capable

справедливость (n) – fairness, justice

спрашивать/спросить (v) – to ask for information

средний (adj) – average, medium

срок (n) – term, period of time

стабилизация (n) – stabilization

стабилизировать (v, imp) – to stabilize

стабильность (n) – (in)stability

(не)стабильный (adj) – (in)stable

ставить/поставить (v) – to put (vertically)

ставить в сложное/трудное положение (expr) – to put in a difficult/complicated situation

стажёр (n) – intern, trainee

стажировка (n) – internship

сталкиваться/столкнуться (v, imp) – to collide

старшеклассник (ница) (n) – high school senior

степной (adj) – steppe related

степь (n, f) – steppe

столкновение (n) – clash, collision

столько (adv) – so much

сторона (n) – side, party

сторонник (n) – a supporter

стратегический (adj) – strategic

стратегия (n) – strategy

стремительно (adv) = **быстро** – rapidly

строительство (n) – construction

строить/построить (v) – to build

стройка (n) – construction site

суд (n) – court, trial (legal term)

судебный (adj) – court related

существование (n) – existence

существовать (v) – to exist

считаться с (v, imp) – to take into account

тайное голосование (n) – secret ballot

тайна (n) – secret

тайный (adj) – secret

Т

так называемый (adj) – the so-called

тактическое оружие (n) – tactical weapons

таможенник (n) – Customs Officer

Таможенный союз (n) – Customs Union

таможня (n) – Customs

те же (expr, plural) – the same

темп (n) – rate, pace

температура (n) – temperature

территория (n) – area, territory

терять/потерять (v) – to lose

тесный (adj) – close, tight

товар (n) – merchandise, goods

товарный (adj) – goods related

товарный поезд (n) – goods train

тогдашний (adj) – at that time, then

торговать + instr (v) – to trade

торговля (n) – trade

торговый (adj) – commercial

торговый оборот (expr) – trade turnover

точка зрения (expr) – point of view

тратить/потратить (v) – to spend

требование (n) – demand, requirement

требовать/потребовать (v) – to demand, to require

треть (n, f) – one third

туда и обратно (билет) (n) – a round trip ticket

тундра (n) – tundra

Russian-English Glossary

тундровый (adj) – tundra related

Турция (n) – Turkey

убеждён (**-ена**, **-ены**) (short adjective) – is/are convinced

убеждение (n) – strong belief, conviction

уверенность (n) – confidence

уверенный (adj) – confident

углеводород (n) – carbohydrate

уголь (n) – coal

угрожать (v) – to threaten

угроза (n) – threat

угроза (n) – a threat

удаваться/удаться (v) to manage + inf/ – to succeed

(не)удивительно (adv) – (un)surprisingly

указ (n) – a decree

указатель (n) – an indicator

укрепление (n) – strengthening

укреплять/укрепить (v) – to strengthen

улучшаться (v, imp) – to improve

улучшение (n) – improvement

управление (n) – management

управлять (v) – to manage, to supervise

урегулирование (n) – resolution, settlement

урегулировать (v) – to resolve, to settle

уровень (n) – level

уровень жизни (expr) – living standards

У

уровень (n, m) – level

усилие (n) – effort

условие (n) – condition

услуга (n) – service

успеваемость (n) – academic performance

устраиваться (v) **на работу** (expr) – to look for a job

устроиться (v) **на работу** (expr) – to get a job

устройство на работу (expr) – job search

усыновление (n) – adoption

утрачивать/утратить (v) – to lose (formal usage)

ухудшаться (v, imp) – to be getting worse

участвовать/поучаствовать (v) – to participate

участник (n) – a participant

учёт (n) – consideration

учитывать/учесть (v) – to take into consideration

Ф

ферма (n) – farm

фермер (n) – farmer

филиал (n) – an affiliate, a branch, or subsidiary

финансовый (adj) – financial

финансы (n, pl) – finance

фонд (n) – foundation (financial)

форма (n) – shape, form

формально (adj) – formally

формальный (adj) – formal

формировать/сформировать, формироваться/сформироваться (v) – to be formed, created

христианин (n) – a male Christian

христианка (n) – a female Christian

христианство (n) – Christianity

хуже (adj, adv) – worse (comparative form of **плохой/плохо**)

целостность (n) – integrity (territorial)

цена (n) – price

частный (adj) – private

часть (n) – an army unit/part/segment

чиновник (n) – civil servant, government employee

чтобы + inf (expr) – in order to

шествие (n, very formal) – procession, march

широкий (adj) – wide

экологический (adj) – ecological

экология (n) – ecology

экономика (n) – economics

экономить/сэкономить (v) – to save

экономический (adj) – economic, related to the economy

экономичный (adj) – thrifty, economical

экран (n) – screen

электроэнергия (n) – electrical power

энергетический (adj) – energy related

энергия (n) – energy

Э

энергоресурсы (n, pl) – energy resources

эпоха (n) – epoch

этап (n) – phase, period

этика (n) – ethics

этический (adj) – ethical

Ю

юг (n) – South

южный (adj) – Southern

Я

ядерное оружие (n) – nuclear weapons

ENGLISH-RUSSIAN GLOSSARY

A

able to work – работоспособный (adj)

academic performance – успеваемость (n)

accident – несчастный случай (expr)

accidental – случайный (adj)

according to ethnic origin – по национальному признаку (expr)

according to the data – по сведениям (expr)

according to the norms – по нормам (expr)

(**to**) **achieve** – добиваться/добиться (v)

(**to**) **acknowledge** – признавать/признать (v)

(**to**) **act** – действовать (v)

action – действие (n)

activist – деятель (n)

activities – деятельность (n)

(**to**) **add** – дополнять/дополнить (v)

additional – дополнительный (adj)

(**to**) **adopt** – принимать/принять (v)

adoption – усыновление (n)

adult – взрослый (adj)

advantage – преимущество (n)

affiliate – филиал (n)

agenda – повестка дня (expr)

(**to**) **agree on something** – договариваться/договориться (v)

agreement – соглашение (n)

agricultural – сельскохозяйственный (adj)

agriculture – сельское хозяйство (n)

A

(to) allocate – выделять/выделить (v)

(to) allow – позволять/позволить (v)

ambiguous – неоднозначный (adj)

(to) appear – появляться/появиться (v)

(to) appoint – назначать/назначить (v)

arctic – арктический

area – площадь, территория (n)

(to) argue – спорить/поспросить (v)

argument – спор (n)

(to) arm – вооружать/вооружить (v)

armament – вооружение (n)

armed forces – Вооружённые силы

army unit – часть (n)

(to) arrest – арестовывать/арестовать (v), задерживать/задержать (v)

arrest – задержание (n) – (=арест)

arriving – приезжая (imperfective gerund of приезжать)

(to) ask a favor – просить/попросить (v)

(to) ask for information – спрашивать/спросить (v)

assembly – собрание (n)

Astana – Астана (n)

at that time – тогда (adv)

at the same time – при этом (expr)

(to) attack – нападать/напасть на + acc (v)

attempt – попытка (n)

attitude towards – отношение + к + dat (expr)

average – средний (adj)

English-Russian Glossary

Balkans – Балканы (n)

base, **basis** – база (n)

beggar – нищий (adjectival noun)

behave – вести себя (expr)

behind – позади (adv)

Belarus – Беларусь (n)

benefit – благо, выгода (n)

besides – кроме + gen (expr), помимо (adv)

(**to**) **besiege** – осаждать/осадить (v)

between – между (adv, prep)

bilateral – двусторонний (adj)

billionaire – миллиардер (n)

(**to**) **borrow** – занимать/занять (v)

breakthrough – прорыв (n)

(**to**) **bring back** – возвращать/вернуть (v)

(**to**) **bring into decline** – разваливать/развалить (v)

Budapest – Будапешт (n)

budget – бюджет (n)

budget related – бюджетный (adj)

(**to**) **build** – строить/построить (v)

building up – наращивание (n)

business – дело (n)

business related – деловой (adj)

(**to**) **buy** (**in large quantities**) – закупить (v, perf), скупать/скупить (v)

(**to**) **buy out** – выкупать/выкупить (v)

by means of – путём (n)

Byzantine Empire – Византия (n)

C

(to) calculate, **(to) count upon** – рассчитывать/рассчитать (v)

(to) cancel – отменять/отменить (v)

capable – способен/-бна/-ны (short adjective of способный)

car factory – автозавод (n)

carbohydrate – углеводород (n)

career – карьера (n)

(to) catch up – догонять/догнать (v)

(to) celebrate – праздновать/отпраздновать (v)

(to be) celebrated – праздноваться (v)

century – век (n)

chairman – председатель (n)

challenge – вызов (n)

(to) change – изменять/изменить (v)

(to) charge/sentence – осуждать/осудить (v)

cheap – дешёвый (adj)

cheapest – самый дешёвый (adj, superlative)

China – Китай (n)

Christian – христианин (n)

Christianity – христианство (n)

circle – круг (n)

citizen – гражданин (n)

citizenship – гражданство (n)

civil servant – чиновник (n)

(to) claim – претендовать на + acc (v, imp)

claim – претензия (n)

clash – столкновение (n)

English-Russian Glossary

climate – климат (n)

climatic – природный (adj)

close circle – близкий круг (expr)

coal – уголь (n)

coincidence – совпадение (n)

collapse – крах, распад (n)

colleague – коллега (n)

(to) collide – сталкиваться/столкнуться (v, imp)

combination – сочетание (n)

(to) combine – сочетать (v, imp)

commander in chief – главнокомандующий

commercial – торговый (adj)

common economic space – единое экономическое пространство (n)

(to) communicate – общаться/пообщаться + inst (v), объясняться/объясниться (v)

complicated – сложный (adj)

composition – состав (n)

comprehensive – всеобщий (adj)

(to) concern – касаться + gen (v)

(to) conclude – заключать/заключить (v)

condition – состояние, условие (n)

(to) conduct – проводить/провести (v)

confidence – уверенность (n)

confident – уверенный (adj)

(to) confirm – подтверждать/подтвердить (v)

(to be) confused – запутываться/запутаться (v)

(to) connect (technical) – соединять/соединить (v)

C

connection – связь (n)

consent – согласие (n)

consequence – последствие (n)

considerable – значительный (adj)

consideration – учёт (n)

consistently – последовательно (adv)

constant – постоянный (adj)

constitutional amendment – поправка (n)

construction – строительство (n)

construction site – стройка (n)

(**to**) **consume** – потреблять/потребить (v)

consumer – потребитель (n)

contacts – общение (n)

continental – континентальный (adj)

(**to**) **continue** – продолжать/продолжить (v)

(**to**) **contradict** – противоречить + dat (v)

contradiction – противоречие (n)

(**to**) **contribute** – содействовать + dat (v)

conviction – убеждение (n)

(**to be**) **convinced** – убеждён (-ена, -ены) (short adjective)

(**to**) **cooperate** – сотрудничать (v)

cooperation – сотрудничество (n)

(**to**) **correct** – поправлять/поправить (v)

corresponding – соответствующие (adj)

corrupt – коррумпированный (adj)

corruption – коррупция (n)

C

council – совет (n)

Council of the federation – Совет Федерации

(to) counteract – противодействовать + dat (v)

counterattacking – противодействие + dat (n)

countries outside the Soviet Union – дальнее зарубежье (expr)

court related – судебный (adj)

court/trial (legal term) – суд (n)

credit – кредит (n)

crime – преступление (n)

criminal (n) – преступник/преступница (n)

Crimea – Крым (n)

crisis – кризис (n)

crisis related – кризисный (adj)

current – нынешний (adj)

customs – таможня (n)

customs officer – таможенник (n)

Customs Union – Таможенный союз (n)

D

dairy – молочный (adj)

data – данные (n), сведения (pl)

deal – сделка (n)

debt – долг (n)

deceit – обман (n)

(to) deceive – обманывать/обмануть (v)

declaration – провозглашение (n)

declare – провозглашать/провозгласить (v), заявлять/заявить (v)

D

decrease – снижение (n)

decree – указ (n)

(**to**) **defend** – защищать/защитить (v)

defender – защитник (n)

defense – защита (n)

demand, requirement – требование (n)

demand – требовать (v)

democracy – демократия (n)

democratic – демократический (adj)

demographic – демографический (adj)

demonstration – демонстрация (n)

(**to**) **demote** – понижать/понизить (v)

demotion – понижение (n)

(**to**) **depend on** – зависеть от + gen (v)

dependency – зависимость + от + gen (v)

(**to be**) **deprived** – обделять/обделить + instr (v)

deputy – депутат (n)

desert – пустыня (n)

devaluation – девальвация (n)

(**to**) **develop** – развивать/развить (v)

development – развитие (n)

(**to**) **differ** – разделяться/разделиться (v)

difference – разница (n)

difference in opinion – разногласие (n)

differently – иначе (adv)

(**to**) **direct** – направлять/направить (v)

D

direct – прямой (adj)

direct ballot – прямое голосование (n)

disarmament – разоружение (n)

(to) discuss – обсуждать/обсудить (v)

discussion – обсуждение (n)

(to) display – проявлять/проявить (v)

(to) distribute – распределять /распределить(v)

distribution – распределение (n)

(to) divide – делить/поделить (v)

dowry – приданое (n)

dream – мечта (n)

(to) dream – мечтать (v, imp)

during – в ходе + gen (expr)

E

(to) earn – зарабатывать/заработать (v)

earning – заработок (n)

East – восток

eastern – восточный

ecological – экологический (adj)

ecology – экология (n)

economic – экономический (adj)

economics – экономика (n)

education – образование (n)

effort – усилие (n)

Egypt – Египет (n)

(to) elect – избирать/избрать (v)

E

elections – выборы (n, pl)

electoral – избирательный (adj)

electrical power – электроэнергия (n)

(to) embody – воплощать/воплотить (v)

(to) emerge – зарождаться/зародиться (v)

(to) empathize – подчёркивать/подчеркнуть (v)

empire – империя (n)

employee – сотрудник (n)

(to) end – завершать/завершить (v)

energy – энергия (n)

energy related – энергетический (adj)

energy resources – энергоресурсы (n, pl)

enlist into the military service on a draft – брать на службу по призыву (expr)

enormous – огромный (adj)

(to) enslave – порабощать/поработить (v)

enslaved – порабощённый (past participle)

entire – весь/вся/всё (adj, m/f/n)

entrepreneur – предприниматель (n)

epoch – эпоха (n)

equal – равноправный (adj)

equality – равноправие (n)

ethical – этический (adj)

ethics – этика (n)

Eurasia – Евразия (n)

Eurasian Economic Union – Евразийский Экономический Союз (n)

(to) evaluate – оценивать/оценить (v)

even – ровный (adj)

E

event – мероприятие, событие (n)

everywhere – везде (adv)

exactly – именно, точно (adv)

exchange – обмен (n)

(**to**) **exchange** – обменивать/обменять + acc (v)

(**to**) **exclude** – исключать/исключить (v)

executive – исполнительный (adj)

(**to**) **exist** – существовать (v)

existence – существование (n)

(**to**) **expand** – расширять/расширить (v)

expansion – расширение (n)

(**to**) **expect** – ожидать (v)

expectation – ожидание (n)

expense – расход (n)

external – внешний (adj)

F

fairness – справедливость (n)

(**to**) **fall** – падать/упасть (v)

falling apart, **declining** – разваливающийся (present active participle)

famous – знаменитый (adj)

farm – ферма (n)

farmer – фермер (n)

farthest, **remote** (**physically**) – дальний (adj)

(**to**) **feel about somebody/something** – относиться к (v)

film director – кинорежиссёр (n)

finance – финансы (n, pl)

F

financial – финансовый (adj)

(to) find it difficult – затрудняться/затрудниться (v)

(to) find out – обнаруживать/обнаружить (v)

flow – поток (n)

(to) fly – летать (multidirectional, imp)/лететь (unidirectional, imp) (v)

(to) follow – следовать/последовать (v)

follower – продолжатель (n)

for the first time – впервые (adv)

foreign – зарубежный (adj)

foreign policy – внешняя политика (n)

forest related – лесной (adj)

formal – формальный (adj)

formally – формально (adj)

(to be) formed – формировать(-ся)/сформировать(-ся)

former – бывший (adj)

foundation – основа (n)

foundation (financial) – фонд (n)

free – свободный (adj)

freedom – свобода (n)

friendly – дружеский (adj)

friendship – дружба (n)

(to) fulfill – выполнять/выполнить (v)

full – полный (adj)

fully – полностью (adv)

fundamental – радикальный (adj)

further (figurative way) – дальнейший (adj)

future – будущее (n)

gas – газ (n)

gas related – газовый (adj)

generally recognized – общепризнанный (adj)

(**to**) **generate** – порождать/породить (v)

generation – поколение (n)

geopolitics – геополитика (n)

Georgia – Грузия (n)

(**to**) **get used to** – привыкать/привыкнуть + к + dat (n)

(**to**) **give credit** – кредитовать (v)

are given – даются (present passive voice of даваться)

good-neighborliness – добрососедство (n)

goods related – товарный (adj)

goods train – товарный поезд (n)

government – правительство (n)

governor – губернатор (n)

grain – зерно (n)

gratitude – благодарность (n)

(**to**) **grow** – расти/вырасти (v)

growing (present, active participle of – растущий расти – (to) grow)

growth – рост (n)

guarantee – гарантия (n)

(**to**) **guarantee** – гарантировать (v)

guarantor – гарант (n)

guilt – вина (n)

guilty – виноват (adj)

H

habit – привычка (n)

habitual – привычный (adj)

half – половина (n)

(to) happen – происходить/произойти (v)

head of state – глава государства (expr/n)

heir – наследник (n)

Hell – ад (n)

help – помощь (n)

high – высокий (adj)

high school senior – старшеклассник (-ница) (n)

higher – выше (comp. adj)

holiday – праздник (n)

Hungary – Венгрия (n)

hydrogen – водород (n)

I

image – образ (n)

impeccable – безупречный (adj)

impending – надвигающийся (adj)

(to) implement – осуществлять/осуществить (v)

(to) import – импортировать (v)

importance – важность (n)

important – важный (adj)

(to) improve – улучшать(ся) (v, imp)

improvement – улучшение (n)

in exchange – взамен (expr)

in order to – чтобы + inf (expr)

in reality – на деле (expr)

English-Russian Glossary

in spite of – несмотря на + acc (expr)

in the case of/**if** – в случае + gen (expr)

in the future – в будущем (expr)

(**to**) **include** – включать/включить (v)

income – доход (n)

index, **indicator** – показатель (n)

indigenous inhabitant – коренной житель (expr)

industrial – промышленный (adj)

industry – промышленность (n)

influence – влияние (n)

(**to**) **influence** – влиять/повлиять на + acc (v)

(**to**) **influence** – влиять/повлиять (v)

(**to**) **inform** – сообщать/сообщить (v)

innovation – инновация (n)

(**to**) **instill** – прививать/привить (v)

issuing – выдача (n)

integrity (**territorial**) – целостность (n)

intent – желание (n)

intercontinental ballistic missile – межконтинентальная баллистическая ракета (n)

(**to**) **interfere** – вмешиваться/вмешаться + в + acc (v)

intern – стажёр (n)

internal – внутренний (adj)

international relations – международные отношения (n, expr)

internship – стажировка (n)

(**to**) **interrupt** – прерывать/прервать (v)

(**to**) **introduce** – представлять/представить (v)

I

(**to**) **invest** – вкладывать/вложить (v)

(**to**) **investigate** – расследовать (v)

investigation – расследование, следствие (n)

investigator – следователь (n)

investment – инвестиция (n)

investment – вклад (n)

Islamic State – «Исламское государство» (ИГ) (n)

issued – выданный

J

job search – поиск работы, устройство на работу (expr)

(**to**) **join** – присоединять/присоединять (v)

joining – присоединение (n)

joint – совместный (adj)

joint venture – совместное предприятие (n)

justice – правосудие (n)

K

(**to**) **keep** – содержать (v, imp)

key – ключевой (adj)

knowledge – знание (n)

L

lake(**s**) – озеро (n)/озёра (pl)

large – крупный (adj)

(**to**) **last** – длиться/продлиться (v)

law – закон (n)

(**to**) **lead** – руководить (v, imp), вести (v)

leader – руководитель (n)

leadership – руководство (n)

least – наименее (adv)

legal right – право (n)

legislative – законодательный (adj)

length – длина (n)

a letter (**of the alphabet**) – буква (n)

level – уровень (n, m)

liberalization – либерализация (n)

(**to**) **liberalize** – либерализировать (v, imp)

lie (**formal**) – ложь (n,f)

(**to**) **lie** (**formal**) – лгать/солгать (v), врать/со(на)врать (v)

(**to be**) **like** (**formal usage**) – представлять собой (expr)

list – список (n)

literally – буквально (adv)

living standards – уровень жизни (expr)

load – нагрузка (n)

loan – заём (n)

local – отечественный, местный (adj)

long – длинный (adj)

look for a job – устраиваться (v) на работу (expr)

look like something, (**to**) **resemble** – похож/-а/-е/-и + на + acc (expr)

(**to**) **look up to**, (**to**) **get close to** – ориентироваться на + acc (v)

(**to**) **lost** – терять/потерять (v), утрачивать/утратить (v)

loss – потеря (n)

low – низкий (adj)

lower – ниже (comp. adj/adv)

(**to**) **lower** – снижать/снизить (v)

M

main – основной (adj)

(**to**) **manage** – управлять (v)

management – управление (n)

marine – морской (adj)

market – рынок (n)

market economy – рыночная экономика (n)

market related – рыночный (adj)

mayor – мэр (n)

measures – меры (n, pl)

meat related – мясной (adj)

medical – медицинский (adj)

merchandise – товар (n)

middle – середина (n)

Middle East – Ближний Восток (n)

military – военный (adj)

mindset – менталитет (n)

(**to**) **mine** – добывать/добыть (v)

Ministry of foreign affairs – Министерство иностранных дел (МИД) (n)

Ministry of industry and trade – Министерство промышленности и торговли (n)

Ministry of internal affairs – Министерство внутренних дел (МВД) (n)

(**to**) **miss somebody/something** – скучать по (expr)

modernization – модернизация (n)

(**to**) **modernize** – модернизировать (v, imp)

monarch – монарх (n)

monarch related – монархический (adj)

monarchy – монархия (n)

M

monetary – денежный (adj)

money transfer – денежный перевод (n)

monsoon – муссонный (adj)

motto – лозунг (n)

(to) move out – выводить/вывести (v)

mutual – взаимный (adj)

N

named after – имени + gen (expr)

nationality – национальность (n)

nature – природа (n)

nature reserve – заповедник (n)

need – потребность (n)

negative – отрицательный (adj)

neglect – запустение (n)

negotiations – переговоры (n, always plural)

next in sequence – очередной (adj)

nominal value – номинал (n)

non-interference – невмешательство (n)

norm – норма (n)

normalization – нормализация (n)

north – север (n)

northern – северный (adj)

not in the least – совсем (expr)

(to) note – отмечать/отметить (v)

nuclear weapons – ядерное оружие (n)

nuclear-free status – безъядерный статус (expr)

O

obvious – очевидный (adj)

occasion – случай (n)

occupy – занимать/занять (v)

(**to**) **occur** – происходить/произойти (v)

ocean – океан (n)

on the fast track – по ускоренному варианту (expr)

on the occasion of – по случаю + gen (expr)

one third – треть (n,f)

order – заказ (n)

(**to**) **order** – заказывать/заказать (v)

(**to**) **organize** – организовывать/организовать (v)

organizer – организатор (n)

Osman/Ottoman Empire – Османская империя (n)

(**to**) **overcome** – преодолевать/преодолеть (v)

(**to**) **overpopulate** – перезаселять/перенаселение (v)

overpopulation – перезаселение (n)

(**to**) **oversupply** – заваливать/завалить (v)

overwhelming – запредельный (adj)

owner – владелец (n)

P

Paradise – рай (n)

part – часть (n)

participant – участник (n)

(**to**) **participate** – участвовать/поучаствовать (v)

partnership – партнёрство (n)

party related – партийный (adj)

English-Russian Glossary

passport for foreign travel – загранпаспорт (n)

past – прошлое (n)

previous – предыдущий (adj)

patronage – покровительство (n)

pause – перерыв (n)

(to) pay off – выплачивать/выплатить (v), оплачивать/оплатить (v)

peculiar – своеобразный (adj)

pension – пенсия (n)

pensioner – пенсионер (n)

people – народ (n)

personal – личный (adj)

phase – этап (n)

(to) plan – предусматривать/предусмотреть (v)

(to) play the part of – выступать/выступить в роли (v)

pocket – карман (n)

point of view – точка зрения (expr)

political party – партия (n)

polls – опрос (n)

(to) populate – заселять/заселить (v)

population – население (n)

positive – положительный (adj)

(to) possess – владеть/овладеть (v)

possibility – возможность (n)

post-soviet – постсоветский (adj)

poverty – нищета (n)

power – сила (n)

P

precipitation – осадки (n, pl)

(to) prevail – преобладать (v)

(to) prevent – предотвращать/предотвратить (v)

prevention – предотвращение (n)

prince – князь (n)

private – частный (adj)

privatization – приватизация (n)

privatization related – приватизационный (adj)

(to) privatize – приватизировать (v, imp)

privilege – льгота (n)

price – цена (n)

procession – шествие (n, very formal)

(to) produce – производить/произвести (v)

production – производство (n)

promise – обещание (n)

(to) promise – обещать/пообещать (v)

(to) promote – повышать/повысить (v)

(to) promote – пропагандировать (v, imp)

promotion – повышение (n)

property – собственность (n)

prospect, future – перспектива (n)

protest – протест (n)

(to) protest – протестовать/запротестовать (v)

(to) protest (=протестовать) – митинговать (v)

protest demonstration – митинг (n)

protester – протестующий (n)

English-Russian Glossary

protester – демонстрант (n)

(to be) proud – гордиться (v) + instr.

(to) prove (to) be/turn out (to) be – оказываться/оказаться (v)

(to) publish – издавать/издать (v)

(to) publish – публиковать/опубликовать (v)

are published – публикуются

purchase – покупка (n)

(to) put (vertically) – ставить/поставить (v)

put in a difficult/complicated situation – ставить в сложное/трудное положение (expr)

(to) put up with/tolerate – мириться + с + instr. (v)

quality – качество (n)

quantity – количество (n)

quarterly – ежеквартально (adj)

(to) raise – поднимать/поднять (v) (syn: повышать/повысить)

rapidly – стремительно (adv) = быстро

rate, pace – темп (n)

rather – довольно (adv)

(to) reach – достигать/достичь (v)

real – реальный (adj)

reality – реальность (n)

reason – причина (n)

(to) reboot – перезагружать/перезагрузить (v)

(to) rebuild – восстанавливать/восстановить (v)

rebuilding – восстановление (n)

R

recess – перерыв

(**to**) **reform** – реформировать (v, imp)

(**to**) **redistribute** – перераспределять/перераспределить (v)

redistribution – перераспределение (n)

reform – реформа (n)

region – край (n)

regional – региональный (adj)

relations – отношения (n, pl)

release from the draft – освобождение от призыва (expr)

reliable – надёжный (adj)

religion – религия (n)

religious – религиозный (adj)

(**to**) **rely on** – опираться/опереться (v), положиться (v)

(**to**) **remain** – оставаться/остаться (v)

remark – реплика (n)

(**the**) **renewed ones** – возобновившийся (past passive participle of возобновить)

replacement – смена (n)

(**to**) **report to** – подчиняться/подчиниться (v + dat)

representative – представитель (n)

republic – республика (n)

republican – республиканский (adj)

request – просьба (n)

research – исследование (n)

research related – исследовательский (adj)

reserve – запас (n)

(**to**) **resettle** – переселять/переселить (v)

resettlement – переселение (n)

resolution – урегулирование (n)

(to) resolve – решать/решить (v), урегулировать (v)

resort – курорт (n)

resource – ресурс (n)

result – итог (n)

retirement pension – пенсия (n)

return – возвращение (n)

(to) return – возвращать/возвратить (v)

revival – возрождение (n)

(to) revive – возрождать/возродить (v)

rich – богатый (adj)

river – река (n)

role – роль (n)

round trip ticket – туда и обратно (билет) (n)

route – маршрут (n)

rule – правило (n)

rule – правление (n)

ruler – правитель (n, m)

ruling – постановление (n)

(to) run for a political post – баллотироваться (v, imp)

rural area – сельская местность (adj. + n)

same – те же (expr, plural)

(to) save – экономить/сэкономить (v)

savings – сбережения (n, pl)

S

savings bank – сбербанк (n)

(to) score – набирать/набрать (v)

screen – экран (n)

secret – тайна (n), тайный (adj)

secret ballot – тайное голосование (n)

security – безопасность (n)

(to) separate – отделять/отделить (v)

separately – раздельно (adv)

service – услуга (n)

session – заседание (n)

(to) set free – освобождать/освободить (v)

shape – форма (n)

sharply continental – резко-континентальный (adj)

shortage – дефицит (n)

side – сторона (n)

sign – знак (n)

similar – подобный (adj) = похожий

simple – простой (adj)

sincere – откровенный (adj)

(to be) situated – располо́жен (v)

situation – обстановка (n)

slav – славянин/славянка/славяне

small (used only in the context – малый (adj) of businesses)

so much – столько (adv)

so-called – так называемый (adj)

sociologist – социолог (n)

sociology – социология (n)

solution – решение (n)

someday – когда-нибудь (adv)

sometimes – порой (adv)

South – юг (n)

southern – южный (adj)

space – пространство (n)

spare part – запчасть (n) = запасная часть

special – особенный (adj)

(**to**) **spend** – тратить/потратить (v)

(**to**) **spoil** – портить/испортить (v)

(**in**) **stability** – (не)стабильность (n)

stabilization – стабилизация (n)

(**to**) **stabilize** – стабилизировать (v, imp)

(**un**) **stable** – (не)стабильный (adj)

(**to**) **stand for** – выступать/выступить + за + acc (v)

state – госуда́рство (n)

State Duma – Государственная Дума (n)

statement – заявление (n)

status – положение дел (expr)

(**to**) **steal** – воровать (v, imp)

steppe – степь (n, f)

steppe related – степной (adj)

stock – акции (n, pl)

stock exchange – биржа (n)

stockholder – акционер (n)

S

(**to**) **stop** – прекращать/прекратить (v)

strategic – стратегический (adj)

strategy – стратегия (n)

street sign – вывеска (n)

(**to**) **strengthen** – укреплять/укрепить (v)

strengthening – укрепление (n)

strict – жёсткий (adj)

strong – крепкий, сильный (adj)

struggle – борьба (n)

(**to**) **struggle** – бороться (v)

subdivision – подразделение (n)

(**to be**) **subject to** – подлежать (v, imp)

subsequent – последующий (adj)

subsidy – дотация (n)

(**to**) **succeed** – удаваться/удаться (v)

successor – приемник (n)

suffrage – избирательное право

superior – верховный

(**to be**) **supplied** – снабжаться + inst (v)

supply – снабжение (n)

(**to**) **supply** – снабжать/снабдить (v)

supply – поставка (n)

(**to**) **supply** – обеспечивать/обеспечить, поставлять/поставить (v)

support – опора, поддержка (n)

(**to**) **support** – поддерживать/поддержать (v)

supporter – сторонник (n)

320

(to) surpass – перегонять/перегнать (v)

(un)surprisingly – (не)удивительно (adv)

(to) switch to – переориентироваться (v, imp)

Syria – Сирия (n)

tactical weapons – тактическое оружие (n)

(to) take advantage – воспользоваться + instr (v)

(to) take care of – заботиться/позаботиться + о + prep (v)

(to) take into account – считаться с (v, imp)

(to) take into consideration – учитывать/учесть (v)

(to) take place – состояться (v, pf)

task – задача (n)

(to) task – поручать/поручить (v)

temperature – температура (n)

term – срок (n)

territory – область (n)

(to) thank – благодарить/поблагодарить (v)

therefore – следовательно (adv)

thief – вор (n)

thievery – воровство (n)

threat – угроза (n)

(to) threaten – угрожать (v)

thrifty – экономичный (adj)

(to) escape from – деваться/деться + от + gen (v)

topical – актуальный (adj)

total – общий (adj)

T

(to) touch upon – затрагивать/затронуть (v)

track – след (n)

(to) trade – торговать + instr (v)

trade – торговля (n)

trade turnover – орговый оборот (expr)

(to) transfer – переводить/перевести, передавать/передать (v)

transition to... – переход (n) + к

transitional – переходный (adj)

treaty – договор (n)

trend – направление (n)

trip – поездка (n)

true – истинный (adj)

(to) trust – доверять/доверить (v)

trust – доверие (n)

(to) try – пытаться/попытаться (v)

tundra – тундра (n)

tundra related – тундровый (adj)

Turkey – Турция (n)

(in his/her/ their) turn – в свою очередь (expr)

(to) turn (be turned) into – превращать (-ся)/превратить (-ся)

(to) turn for something – обращаться/обратиться за + acc (v)

(to) turn into (lit) – перевоплощаться/перевоплотиться (v)

turning into – превращение (n)

U

unanimous – однозначный (adj)

unauthorized – несанкционированный (past passive participle of санкционировать) (v, imp)

under the motto/slogan – под лозунгом (expr)

unemployed – безработный (adj)

unemployment – безработица (n)

unification – единение (n)

unilaterally – в одностороннем порядке (expr)

Union of Soviet Socialist Republic – Союз Советских Социалистических Республик (СССР)

(**to**) **unite** (political) – объединять/объединить (v)

united – единый (adj)

unity – объединение (n)

unpopulated – безлюдный (adj)

until now – до сих пор (expr)

(**to**) **use** – использовать (v, imp)

use – польза (n)

useful – полезный (adj)

utilization – использование (n)

V

victory – победа (n)

view – взгляд (n)

(**to**) **violate** – нарушать/нарушить (v)

(**to**) **visit** – посещать/посетить (v)

(**to**) **vote** – голосовать/проголосовать (v)

voting – голосование

W

wage – заплата (n)

war – война (n)

wealth – богатство (n)

wealthy person – богач (n)

weapons – оружие (n)

well-being – благосостояние (n)

well-to-do – обеспеченный (adj)

West – запад (n)

western – западный (adj)

wheat – пшеница (n)

wide – широкий (adj)

(to) win – побежать/победить (v)

(to) wish – желать/пожелать + gen (v)

within the framework of – в рамках (expr)

wood(s) – лес (n)/леса (pl)

world peace – мир (n)

worse – хуже (adj, adv) (comparative form of **плохой/плохо**)

(to get) worse – ухудшаться (v, imp)

Y

Yeltsin related – ельцинский (adj)

yoke (oppression) – иго (n)

young people (collective term) – молодёжь (n)

young people related – молодёжный (adj)

Z

zone – зона (n)

AUDIO SUPPLEMENT

Every text and chapter have associated audio files for further learning. The audio files are available for download from the following websites:

https://culmen.com/read-and-think-russian
Password: Culmen1RaTR!   *or*

https://soundcloud.com/readandthinkrussian

Thank you!

We hope you have enjoyed this textbook "Read and Think Russian, An Intermediate Reader, Book One". Please check out our other books in this series and the following volumes to be published.

- "Road to Russia, Russian Language Textbook For Beginners, North American Edition" Antonova, V., Nakabina, M., Safronova, M., and Tolstykh, A., Bessonoff, B. ISBN: 978-0-9818822-3-9

- "Read and Think Russian: An Intermediate Reader, Book Two: Social Life and Culture" Bessonoff, B. ISBN: 978-0-692-15252-2

- "Russian Reader in Nuclear Security" (Coming Soon!)

If you have comments, suggestions, or questions we would love to hear from you. Email us at: ReadandThinkRussian@culmen.com

LIST OF ILLUSTRATIONS

Page 1: Лобачев Владимир, Wikimedia Commons | **Pages 4 – 240:** "Pencil" icon made by Situ Herrera from www.flaticon.com | **Page 19:** Margaret W. Carruthers, Flickr | **Page 21:** Timur Agirov, Wikimedia Commons | **Page 22:** Вадим, Wikimedia Commons | **Pages 24, 25:** А. Васильев, Wikimedia Commons | **Page 27:** Bzdun, Wikimedia Commons, and Tatiana Ialovaia | **Page 28:** FOTOBANK ER, Wikimedia Commons | **Page 29:** kremlin.ru | **Page 31:** Photo of St-Petersburg made by © Alex Florstein Fedorov, Wikimedia Commons | **Page 42:** Mikhail Klimentyev, government.ru | **Page 44, 104, 160:** "Question" icon made by Javid44, Wikimedia Commons | **Page 53:** premier.gov.ru | **Page 55:** kremlin.ru | **Page 56:** kremlin.ru | **Page 57:** Sergey Kochkarev, Flickr | **Page 63:** Daniel Case, Wikimedia Commons | **Page 64:** Cacahuate, Peter Fitzgerald, Digr and Alexander Tsirlin, Wikimedia Commons; ClausHansen, Wikivoyage; Tatiana Ialovaia | **Page 67:** David Pursehouse, Flickr | **Page 70:** kishjar?, Flickr | **Page 70:** Marc Lacoste, Wikimedia Commons | **Page 71:** MNXANL, Wikimedia Commons | **Page 72:** UNclimatechange, Flickr | **Page 73:** Cacahuate and Digr, Wikimedia Commons; Tatiana Ialovaia | **Page 77:** kremlin.ru | **Page 78:** Digr, Wikimedia Commons; Tatiana Ialovaia | **Page 81:** kremlin.ru | **Page 83:** kremlin.ru | **Page 85:** Ferhates, Wikimedia Commons | **Page 87:** Ken and Nyetta, Flickr | **Page 93:** aif.ru | **Page 98:** Կարինե Մարգարյան, Wikimedia Commons | **Page 99:** Tatiana Ialovaia | **Page 101:** Bibikoff, Wikimedia Commons | **Page 104:** Tatiana Ialovaia | **Page 106:** Peter Fitzgerald, User:Pmx and UNCS, Wikimedia Commons | **Page 110:** kremlin.ru | **Page 111:** Ninaras, Wikimedia Commons | **Page 110:** Peter Fitzgerald, Wikimedia Commons; Tatiana Ialovaia | **Page 114:** NASA/Bill Ingalls, Wikimedia Commons | **Page 114:** R. Strelnikov, Wikimedia Commons | **Page 118:** Okras, Wikimedia Commons | **Page 119:** User 699, Wikimedia Commons | **Page 120:** Arz and Digr, Wikimedia Commons; Stefan Ertmann, Wikitravel; Tatiana Ialovaia | **Page 126:** Vmenkov, Wikimedia Commons | **Page 127:** Tatiana Ialovaia | **Page 128:** Robert Wilson, Flickr | **Page 132:** Kalpak Travel, Flickr | **Page 133:** Da-Eye, Flickr | **Page 158:** pxhere.com/en/photo/278080 | **Page 160:** Tatiana Ialovaia | **Page 168:** kremlin.ru | **Page 170:** Bogomolov.PL, Wikimedia Commons | **Page 171:** aif.ru | **Page 171:** Tatiana Ialovaia | **Page 172:** Ikar.us, Wikimedia Commons | **Page 173:** Dgeise, Wikimedia Commons | **Page 176:** Kohls, Ulrich, Fredy.00, Wikimedia Commons | **Page 176:** kremlin.ru | **Page 176:** RIA Novosti archive, image #359290 / Yuryi Abramochkin, Wikipedia | **Page 179:** Mykhailo Gorbachov, Wikimedia Commons | **Page 180:** kremlin.ru | **Page 194:** Бахтиёр Абдуллаев, Wikimedia Commons | **Page 195:** Reznickoff, Wikimedia Commons | **Page 202:** Acodered, Wikimedia Commons | **Page 203:** Denis Belevich, Wikipedia | **Page 205:** Ketrin.sv, Wikimedia Commons | **Page 209:** Pasquale Paolo Cardo, Flickr | **Page 215:** kennziffer.blogspot.com | **Page 232:** aif.ru | **Page 239:** mil.ru | **Page 241:** Vitaly V. Kuzmin, Wikimedia Commons | **Page 244:** Минобороны России/Олег Кулешов, Wikimedia Commons | **Page 245:** aif.ru | **Page 246:** Vitaly V. Kuzmin, Wikimedia Commons | **Page 247:** Allocer, Wikimedia Commons

Lightning Source UK Ltd.
Milton Keynes UK
UKHW051319020119
334842UK00007B/167/P